사기(史記)와 가족, 고대 중국의 낯선 가족 이야기

북튜브 가족특강 04

사기(史記)와 가족, 고대 중국의 낯선 가족 이야기

발행일 초판1쇄 2020년 9월 1일 | **지은이** 문성환
펴낸곳 북튜브 | **펴낸이** 김현경 | **편집인** 박순기 | **주소** 서울시 종로구 사직로8길 24 1221호(내수동, 경희궁의아침 2단지) | **전화** 02-739-9918 | **팩스** 070-4850-8883 | **이메일** booktube0901@gmail.com

ISBN 979-11-90351-27-0 04100 979-11-90351-23-2(세트)
이 도서의 국립중앙도서관 출판예정도서목록(CIP)은 서지정보유통지원시스템 홈페이지(http://seoji.nl.go.kr)와 국가자료종합목록 구축시스템(http://kolis-net.nl.go.kr)에서 이용하실 수 있습니다.(CIP제어번호: CIP2020035273)

책으로 만나는 인문학강의 세상
북튜브는 북드라망의 강의-책 브랜드입니다.

가족
특강
04

사기史記와 가족,
고대 중국의 낯선 가족 이야기

문성환 지음

Booktube 북튜브

책머리에

가족, 현실과 판타지 사이 혹은 너머

— 코로나19, 마이클 조던, 아침드라마, 그리고 『사기』

1. 코로나19와 「더 라스트 댄스」

얼마 전 한 달 무료이용권을 통해 넷플릭스란 신세계가 저에게로 왔습니다. 이제까지 저는 단언컨대 넷플릭스에 전혀 관심이 없었습니다. 맹자의 부동심처럼? 그러던 제가 '부득이…' 어쩌구 하면서 수줍게 넷플릭스 아이디를 만들고 로그인을 시도했습니다. 「더 라스트 댄스」라는, 농구황제 마이클 조던의 다큐멘터리 때문이었습니다.

이제와 생각해 보니 그 이면엔 코로나19가 있었습니다. 올해 초 전세계를 강타한 코로나19 바이러스 때문에 메이저리그, 프리미어리그 등 현장 스포츠가 올스톱된 상황에서 「더 라스트 댄스」는 스포츠팬들의 욕망과 향수를 자극하는 단 하나의 콘텐츠였기 때문입니다. 어쨌거나 마이클 조던이라니! 배경이나 이유야 어찌됐건, 같은 시대에 코트에서 땀을 흘렸던 같은 '농구인'(^^)으로서, 저의 이런 반응은 당연한 의무가 아닐 수 없습니다.

다시 봐도, 마이클 조던 '형님'은 정말 놀라운 선수입니다. 아니 다시 보니, 이제야 이 형님의 천재성이 눈에 보입니다. 여하튼 정말 놀라운 것은, 그가 만들어 낸 수많은 기록들에 있지 않습니다. 최고의 리그인 NBA에는 언제나 최고의 재능을 가진 선수들이 득실득실합니다. 그리고 그 안에서 독보적인 존재감을 남기는 선수들 또한 늘 있어 왔습니다. 그 세계에서 기록이란 그저 언제든 누구에게든 일어날 수 있는 숫자일 뿐입니다.

저에게 마이클 조던은 그런 기라성 같은 선수들 중에서 유독 비현실적인 농구를 했던 사람입니다. 서커스를 방불케 하는 그의 운동 능력부터 드라마 같았던 승부의 고비고비들은 모두 실제 벌어졌던 현실입니다. 그런데 그때나 지금이나 그는 제게 하나의 판타지입니다. 분명 눈앞에서 벌어지고 있는 현실이고 실전인데, 보면서도 믿을 수가 없는….

어쩌면 작금의 코로나19도 하나의 판타지로 기억되는 것은 아닐까요. 우리에겐 혹독한 현실이지만 말입니다. 이 글을 쓰는 2020년 8월 1일 기준으로 코로나19는 전세계적으로 확진자 수가 1,774만 명을 넘어섰고, 사망자가 68만 명이 넘었습니다. 문제는, 이 비극이 여전히 진행 중인 현실이라는 사실입니다.

2. 『사기』와 아침드라마

한동안 아침드라마를 보던 시절이 있었습니다. 지금은 고등학교 1학년이 되어 버린 딸아이가 어린이집을 다니던 시절. 지금부터 십수 년도 이전 이야기입니다만…. 당시 아이를 어린이집에 데려다주는 게 제 몫의 일이었는데, 공중파 3사에서 아침마다 쏘아 대는 드라마들을 강제시청 당하곤 했습니다(텔레비전을 안 틀면 됐지만 그게 또 묘한 중독성이 있습니다).

방송국 한 곳의 드라마가 끝나면 다른 방송국에서 진행 중인 두번째 드라마를 볼 수 있습니다. 그렇게 세 방송국의 드라마를 연속 시청하면 아침마다 한 시간 반 정도 드라마만 보고 있을 수 있습니다. 이 기묘한 드라마 왕국의 상황도 상황이지만 아침마다 드라마 속의 그 기기묘묘한 판타지를 (그 작가적 상상력에) 매번 놀라면서도(욕하면서도) 보곤 했습니다. 네 살짜리 아이 밥 먹이고 준비시키면서 보다 보면 근대 계몽기 신소설에서 본 듯한 구조를 느끼기도 했는데, 여하간 가족 막장 드라마의 퍼레이드는 꽤 오래도록 기억에 강렬하게 남아 있습니다.

밤이 되면 방송국마다 또 각종 미니시리즈가 경쟁하듯 시청자를 붙들기 위해 최루성 멜로 이야기를 쏟아냅니다. 거기에는 엄청난 사랑의 서사가 있습니다. 어릴 때 스치듯 지나친 인연을 잊지 못하고 성인이 되어 결국 만나게 되는 건 기본이고, 천 년에 걸친 도깨비의 사랑이나, 별에서 온 외계인의 사랑 같은 작품까지 있습니다. 그렇게 많은 이야기들이 반복해서 많은 사람들의 사랑을 받는 이유는 무엇일까요. 어쩌면 우리는 그 드라마들을 보면서, 자신들의 미래를, 아니 미래로서 꿈을 꾸며 보고 있는 것은 아닐까요.

〈남산강학원〉에서 2019년에 청년을 위한 연속 강좌를 준비하면서, '가족'을 테마로 한 강의를 기획할 때였습니다. '가족'과 『사기』(史記)라는 주제로 강의를 해보자는 제안을 받았을 때 들었던 생각은 『사기』에 등장하는 무수한 가족 드라마의 '막장성'이었습니다. 『사기』는 기원전 수천 년 전 황제(黃帝)로부터 기원전 1세기 한나라 무제(武帝)까지의 역사드라마입니다. 그 진실성 면에서 여러 의문을 제기할 수는 있겠지만, 최소한 그것은 일어난 실제 사적을 바탕으로 한 실화들입니다. 문제는 『사기』에 등장하는 수많은 가족 이야기(사실 『사기』 전체가 하나의 가족 이야기라고도 할 수 있습니다)들이 거의 대부분 막장 드라마에서나 다룰 만한 스토리라인을 갖고 있다는 사실입니다. 부모와 자식, 형과 아우, 삼촌과 조카 등등의 관계에서 우리가 상상할 만한 '훈훈한' 가족 이야기를 보여 주는 사례는 오히려 지극히 '예외적'일 뿐입니다. 대부분의 현실은 차마 입에 담기 어렵고, 눈으로 보고도 믿을 수 없는 이야기들의 끝없는 반복과 변주입니다.

우리는 아침드라마를 비현실적 막장 드라마라 생각하고, 밤늦은 시간의 아름다운 사랑 이야기를 나의 미래가 될 현실적인 이야기로 착각하지만, 사실은 아침드라마가 현실이고 미니시리즈가 판타지입니다. 아니, 이런 구분도 무의미합니다. 현실이니 판타지니 하는 말 자체가 이 둘의 특별한 정체성을 전제로 하는 듯합니다만, 사실 아침드라마나 미니시리즈는 본질적으로 큰 차이가 없습니다. 마치 우리의 현재가 판타지 같은 현실인 것처럼 말입니다.

3. 현실과 판타지 사이 혹은 너머

다시 마이클 조던! 가장 자본주의적인 프로 스포츠에서 가장 상품성이 높은 선수였던 마이클 조던의 이야기를, 또한 가장 자본주의적인 인터넷 영상 플랫폼인 넷플릭스를 통해 시청하는 이 상황 자체가 기묘합니다. 제 현실의 영웅이었던 스포츠 스타가 사실은 천 년을 살아 돌아온 도깨비나 별에서 온 그대의 판타지와 어떻게 다른 것인지 모르겠습니다.

그런데 '가족' 강의를 하고 나니 가족이 꼭 이랬던 게 아닌가 싶습니다. 현실도 판타지도 아니고, 현실이 아닌 것도 판타지가 아닌 것도 아닙니다. 중요한 건 가족이 그런 것이란 걸 아는 것입니다. 그 현실성에 묶여서도 안 되고 그 판타지스러움 때문에 미리 환멸을 가질 필요도 없습니다. 어떤 현실은 언제나 판타지 같게 마련이고, 어떤 판타지는 늘 현실처럼 작동합니다.

ps. 세상일이 언제나 그렇듯 한 권의 책 또한 수많은 인연의 총합입니다. 그런 점에서 보면 정말이지 글이란 책의 일부 중의 일부일 뿐입니다. 이번에는 특히 더욱 그러했습니다. 작은 강의가 한 권의 책이 되어 또 다른 인연을 만들 수 있게 된 건 전적으로 북튜브 박순기 실장 덕분입니다. 그 정성과 우정에 경의와 감사를 보냅니다. 그리고 늘 공부의 화두를 놓치지 않게 하는 두 개의 가족, 〈남산강학원〉 식구들과 인천의 식구들에게도 행운이 함께하기를!

코로나19 원년(2020) 여름

studio 나루에서 문리스 씀.

차례

史記 1부

『사기』에 대하여

가족에 대한 여러 시각

오늘 '가족'이라는 주제로 『사기』 강의를 하게 되었는데요. 가족이라는 말은 뭐랄까, 떠올릴 때마다 양가적인 게 아닐까 하는 생각이 듭니다. '가족'이 토론이나 강의의 주제가 될 수 있는 이유 중 하나는, 역설적이게도 그것이 일목요연하게 설명이 되거나, 어떤 정의를 통해서 확연해질 수 없기 때문이 아닐까 싶습니다.

만약 잘 정리가 되는 주제라면 설명이 좀 어렵다고 하더라도 괜찮을 거 같아요. 그런데 가족은 사실 우리가 굉장히 밀접하다고 생각하고 실제로도 가까이에서 가족과 관련된 문제의식들이나 문제들을 겪으면서 살고 있기 때문에, 어떤 때에는 그것이 문제일 때조차도 문제라고 느끼지 못하거나, 역으로 문제가 아닌데도 문제로 여기는 경우가 많은 주제입니다. 그렇게 되는 이유 중에 하나는 우리가 가족은 이념적으로 어떠어떠해야 한다고 하는 상들로 계속해서 의식적/무의식적으로 가공하면서 자신을 계속 다그쳐 왔던 주제라는 점이 있습니다. 다른 한편에서는 현실적으로 가족과 관련된 어떤 사건들에 직면했을 때에 무언가가 좀 어긋나거나 부딪히

거나 다시 생각해 보게 되는 지점을 만나게 되기 때문에 복잡해지기도 합니다.

그래서 이번 '가족 특강 시리즈'가 여섯 권의 책으로 가족을 다루고 있지만 이것은 가족에 여섯 개의 테마가 있다는 뜻이 아닙니다. 사실 이 모든 주제는 한 가지입니다. 가족이란 저마다 자기의 시선으로 바라보는 주제라는 점에서 그렇습니다. 그런데 거꾸로 그 자기의 시선이라고 하는 것이야말로 단 하나의 시선이라고 할 수 없습니다. 가족에 대한 상은 어렸을 때와 크면서 겪게 된 상이 다르고 또 앞으로 갖게 될 상이 지금과 똑같다고도 얘기할 수 없습니다. 그런 점에서 이번 강의에서 질문해 보고자 하는 것들이 단순히 가족에 대한 몇 가지 해답을 드리는 차원이 아니라, 그런 질문들을 어떻게 나의 경우에 적용되는 질문들로 다시 만들 수 있을까 하는 지점으로 계속 돌이키실 수 있는 기회가 되었으면 좋겠습니다. 그런 바람으로 오늘 강의를 시작할까 합니다.

『사기』는 어떤 책인가

오늘 주제가 '『사기』(史記)와 가족'인데요. 처음에 강의를 구상하고 준비할 때는 『사기』에 나오는 '막장 드라마'를 이야기해 보겠다는 생각이었습니다. 그런데 읽어 보신 분은 아시겠지만 『사기』에 나오는 '막장 드라마'가 사실, 생각보다 많습니다. 그래서 막상 이걸 강의로 하려고 하니까 사례들이 너무 많아서 오히려 특별히 주제랄 게 안 떠오르더라고요. 그래서 오늘은 이 가운데 특정한 몇몇 이야기를 가지고 오늘날 우리가 생각하는 가족 또는 각자 가지고 있는 가족에 대한 상과 비교해 보면 어떨까 싶습니다. 그러는 중에 가족 이야기와 막장 드라마에 어떤 관계가 있는지를 살펴보고, 가족 이야기와 막장 드라마를 잇는 키워드로서의 근친상간이란 주제를 말씀드려 볼까 합니다. 짧은 강의에 너무 꿈이 크다는 생각이 불현듯 엄습하네요.

오늘은 『사기』라고 하는 텍스트를 중심으로 말씀을 드리게 될 텐데요. 이 책이 어떤 책인지는 대강 아시겠죠? 간단히 말하면 『사기』는 역사책입니다. 중국에서 역대의 권위 있는 역사책을 '25사(史)'라고 이야기하는데,

『사기』는 그 첫번째에 해당하는 역사서로 중국뿐만 아니라 한자문명권인 동아시아에서 최고의 권위를 가지고 있는 책입니다. 사상이든 역사든 기본적으로 고대 관련 공부를 할 때면 이 책을 비껴갈 수가 없습니다. 그런데 이 『사기』라는 책의 본래 제목은 '사기'가 아니었습니다. 사마천(司馬遷)이 기록할 당시 이 책의 제목은 '태사공서'(太史公書)였습니다. 태사(太史)는 관직명입니다. 후대에는 태사라는 직업이 주로 역사를 기록하는 일을 담당하지만, 사마천 당시에 태사는 역사 기록자라기보다 의례담당 임무를 수행했습니다. 궁이나 관에서 무슨 제사를 지내거나 할 때 의례와 관련된 문헌들을 찾고 조언을 해주고, 이런 일을 담당하는 직책이 태사라는 직업이었습니다. 그런데 당시에 이런 직업은 보통 가문에서 내부적으로 대(代)를 이어 승계됩니다.

사마천의 아버지는 사마담(司馬談)이라고 하는 사람인데, 이분은 유능한 태사였습니다. 태사로서의 직무를 하다 보니까 실제로 보고 듣는 것들이 많았는데, 이렇게 보고 듣고, 자료로 접한 것들을 바탕으로 역사서를 기록하는 것이 사마담 일생의 꿈이었어요. 그러다가 이 사마담이 몇 가지 우여곡절 끝에 한무제에게 버림받으

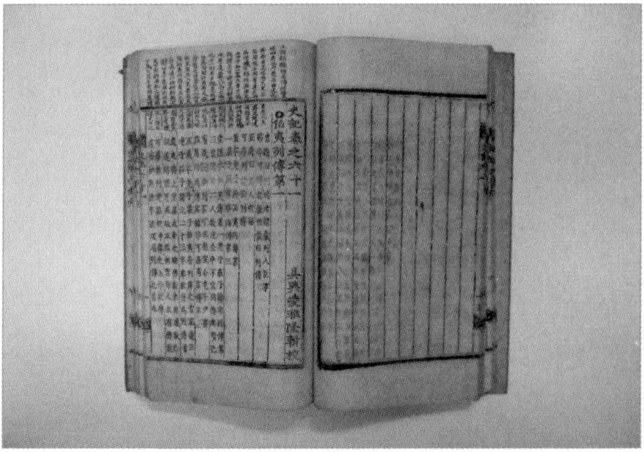

출처 : 조명근

조선시대에 인쇄된 『사기』 목판본.

면서 화병으로 죽습니다. 그런데, 그렇게 사망할 때 이미 사마담은 나중에 사마천이 완성하는 『태사공서』라고 하는 책을 쓰기 위해 자료들을 엄청나게 많이 확보해서 보고 있었습니다. 아까 말했듯이 궁중에서 이런 사료들을 볼 수 있는 직책이기도 했고, 집안 대대로 태사였기 때문에 쌓인 자료들도 많았는데, 책을 완성하지 못하고 죽어 버린 거예요. 그러면서 사마천에게 반드시 이 기록을 마무리지어야 한다고 유언을 남깁니다.

아버지와 관련된 이런 이야기는 사마천이 자기가 어떻게 이 책을 저술하게 되었는가를 밝힌, 『사기』 전체의 서문격인 「태사공자서」라고 하는 글 속에 밝혀져 있습니다. 그러니까 사마천의 『사기』는 무엇보다도 '아버지의 이름으로' 쓰여진 책입니다. 그러고 보니 이 자체가 하나의 가족 서사이기도 하네요. 뜻을 잇는다는 것! 오늘의 가족 주제와 은밀하게 통할 수도 있겠는데요?

궁형, 가문과 사명 사이에서

그런데 사마천에게는 『사기』의 저자라는 것 외에 또 하

『사기』의 저자인 태사공 사마천. 수염이 없는 모습이 특징적이다.

나 유명한 '연관 검색어'가 있습니다. 그것은 사마천이 궁형, 곧 거세형을 당했다는 사실입니다. 사마천이 그 아버지의 유언을 받아서 글쓰기를 시작할 때에는 아직 궁형을 받기 전입니다. 원래 환관 집안도 아니었고요.

사마천이 『사기』를 쓰고 있던 때는 한나라 무제(武帝)의 시대였는데, 당시 북방 초원의 지배자는 흉노였습니다. 이 흉노와 대결하는 과정에서 벌어진 어떤 사건에 사마천이 휩쓸려 들어가면서 화(禍)를 입었던 것인데요. 흉노에 사로잡힌 이릉(李陵)이라는 장수의 투항을 변호하다가 한무제의 비위를 거스르게 되었고, 이때 사마천에게 내려진 형벌이 궁형 아니면 사형이었습니다. 황제의 명을 거스르는 죄에 대한 벌이었기 때문에 기본적으로 사형이었는데, 이 사형을 속죄하는 방법이 하나는 황금 50만 전이라고 하는 어마어마한 보석금을 내고 빠져나오는 방법, 하나는 궁형이었던 겁니다. 그런데 사실은 이 두 가지 모두 선택이 불가능한 방법이에요. 황금 50만 전이라고 하는 건 일반 하급관료가 낼 수 있는 금액이 아니었다는 점에서 불가능한 것이었고, 궁형은 당시의 외과 수술 기술로 볼 때 목숨을 천운에 맡겨야 하는 요행에 가까운 것이었고, 설혹 열에 한둘 정도 목숨을

양을 기르고 있는 소무(蘇武)를 찾아온 이릉. 소무는 사신으로 흉노에 왔다가 억류되어 투항을 권유받았으나 끝까지 투항하지 않고 한나라로 돌아갔다. 하지만 전투에서 사로잡힌 이릉은 결국 한나라로 돌아가지 못한다. 사마천은 이릉의 투항을 옹호하다가 궁형에 처해지게 된다. 그림은 투항을 설득하러 온 이릉(왼쪽)이 소무(오른쪽)와 만나는 장면이다.

건진다 해도 평생 동안 그 후유증으로 굉장히 고통스러운 삶을 살아야 했기 때문입니다. 그러니 둘 다 선택지라고 할 수 없는 것들이었죠.

게다가 궁형을 선택한다는 건 사회적으로도 용납이 안 되는 거였습니다. 운명에 대한 자기 결정권을 갖는다고 자부하는 사대부가 목숨을 구하기 위해서 궁형을 선택하기란 결코 쉬운 일이 아닙니다. 부모가 주신 신체발부를 보존하지 못하고 게다가 자손을 잇지 못한다는 점에서 사회적으로 사대부가 쉽사리 취할 수 있는 선택은 아니었던 것입니다. 그런 점에서 우리는 사마천이 궁형을 선택했다고 할 때 여러 해석의 문턱을 만나게 됩니다. 왜 이런 선택을 했는가, 그 선택이 뭘 의미하느냐라는 것은 사마천이라는 인물을 다각적으로 이해하려 할 때 굉장히 중요한 질문이 될 수 있어요.

세상에 나올 수 없었던 책, 『사기』

중요한 건, 이런 엄청난 사건을 겪으면서 사마천의 논조가 바뀌었다는 점입니다. 다시 말하면, 궁형까지 감내하면서 사마천이 기어이 살아남으려고 했던 이유에 어떤 의미가 부여되기 시작하는 겁니다. 일단 사마천의 말에 따르면 그 이유는 『태사공서』의 완성이었습니다. 놀랍지 않습니까? 글을 쓰기 위해 치욕을 견디었다니! 부귀, 영화, 환락 따위도 아니고 말입니다.

어쨌든 바로 이 지점에서 후대의 『사기』 혹은 사마천 연구자들이 환호하는, 사마천 글쓰기의 대단히 화려하고 버라이어티한 스토리가 구성됩니다. 글쓰기가 펼쳐진 배경 같은 것들에 의미가 부여되는 것입니다. 그런데 사실 이건 추측이에요. 진실은, 궁형 전에 사마천이 『사기』를 이미 '완성했다'일 수도 있습니다. 하지만 사람들은 아마도 궁형이라는 이 사건이 사마천으로 하여금 세상을 다시 바라보고 새롭게 이해하게 하는 시선을 갖게 했고, 근본적인 질문들을 다시 던지게 만들었으며, 그 질문들을 쓰기 위해서라도 살아야 했다라고 의미화하게 하는 겁니다. 이런 스토리 속에서 사마천은 526,500자라고 하는 어마어마한 분량의 『태사공서』를 써냅니다. 항상 이 대목을 말씀드리면 첫 반응이 다들 지금처럼 시큰둥합니다. 526,500자? 뭐 그런가 보다, 하시는 거죠. 526,500자에 대한 실감이 없어서 그렇습니다. 지금은 200자 원고지 몇 매, 이런 식으로 글의 분량을 말하지만, 예전에는 보통 글자수로 이야기를 했죠. 그래서 일단 유학의 기본 경전인 사서, 『논어』, 『맹자』, 『대학』, 『중용』과 단순 비교를 해봐도, 차이가 대단합니다. 『논어』가 한 15,000자 정도 되고요. 『맹자』가 한 35,000자 정도 되고, 『대학』이 1,750자, 『중용』이 2,300자 정도 됩니다. 사서를 다 합쳐 봤자 한 54,000자가 조금 넘는 거죠. 사마천의 10분의 1 정도입니다. 실감이 나세요?

그런데 이게 요즘처럼 무슨 타이핑을 하는 게 아니잖아요. 다 손으로 쓰는 건데. 제가 문학을 전공하고, 어릴 때 문학도가 되려고 했을 때 소설이 쓰고 싶었는데, 그때가 막 타자기가 사라지고 컴퓨터가 보급되기 시작하는 시기였죠. 컴퓨터 한 대 가지고 있으면 너무 부러움을 샀던 때였습니다. 그런데 그때까지만 해도 당시에 활동하는 작가들은 거의 다 손으로 원고를 쓰거든요. 제가 엄청 큰 충격을 받았던 사진이 있었는데, 조정래 선생님이 당신 키만큼 쌓인 『태백산맥』 원고 옆에 서 계신 모습이었습니다. 그거 모두 손으로 썼잖아요. 그런데 한번 여쭤 보고 싶습니다. 그런 사진 보면 어떤 생각 드세요? 멋있다, 대단하다…, 그런 생각 드시나요? 그런데 저는 어떤 생각이 바로 드냐 하면 '와, 팔 진짜 아팠겠다. 와, 저걸 한 글자씩 쓰는데 파지를 빼고 저만큼을 썼으면, 손가락이 어떻게 남아나지?' 이런 생각이 듭니다. 역시 또 속물이네요!

그런데 정말이지 저만 해도 초창기이긴 해도 개인용 컴퓨터로 글을 쓰기 시작한 세대여서, 작가들의 그런 모습을 보면, 글 쓰는 게 진짜 물리적인 중노동이구나 하는 걸 깨닫게 됩니다. 게다가 사마천 시대에는 종이에 쓴 것도 아니거든요. 죽간에다가 쓰는 건데, 죽간 하나에 스무 자에서 스물다섯 자 정도 들어갑니다. 죽간이 몇 개 필요했는가는 계산하면 딱 나오잖아요. 한 2만 1천 개 정도? 죽간, 대나무 쪼가리에다가 스무 자에서 스물다섯 자 정도 겨우 쓰는 건데 이거를 50만 자 넘게 쓰는 거, 이건 어지간한 사람이 하긴 어려운 일이죠. 쓰고 옮기고 쓰고 옮기고, 또 참고하기 위해서 봐야 할 참고 자료들도 엄청나게 많은데 전부 다 죽간이고…. 이런 상황을 생각해 보면 사마천이 『사기』를 쓸 때 어땠을지를 조금은 상상해 볼 수가 있겠죠. 그런데 '겨우' 그걸 하려고 몸이 만신창이가 되는 길을 선택했다는 겁니다.

여하튼 『사기』가 지금은 '정사'라는 이름으로 역사의 한 장에 꿋꿋하게 서 있지만 당시에는 한무제라는 당대의 절대권력과 내적인 긴장과 갈등 관계에 있었습니다. 사마천이 『사기』에서 다루는 시기가, 황제(黃帝)라고 하는 전설 시대의 인물로부터 시작해서 전욱(顓頊), 제곡(帝嚳), 요(堯)임금과 순(舜)임금, 이렇게 오제, 그리고 그다음에 하, 은, 주 삼대로 이어집니다. 거기서 끝나지 않고, 춘추전국을 거쳐 진(秦)나라의 통일, 그리고 당대인 한나라 무제 때까지의 역사를 다룹니다.

그런데 당시가 민주주의 공화국이 아니잖아요? 한나라는 전제군주국이었고 특히 막강한 절대권력을 향유하는 황제, 무제의 치세였단 말예요. 강력한 감시체제와 무력을 가지고 있었던 한나라 무제 시대인데, 사마천의 『사기』에서는 한나라 무제를 훌륭한 왕으로만 그리고 있지 않거든요. 그러니까 이 내용이 세상에 알려지면 궁형으로 끝날 일이 아닌 거죠. 궁형보다 더한 게 뭐가 있겠는가 싶기도 합니다만, 여하간 그런 점에서 『사기』는 애초에 세상으로 나올 수 없는 책이었어요. 이만한 기록을 하는데 애초에 세상에 알리지도 못하는 겁니다. 그저 후대에 누군가가 알아주길 바라는 마음으로 쓴 거

한무제의 초상. 건국 초기의 혼란이 마무리되고, 한무제의 치세에 이르러 한나라는 본격적으로 국력을 과시하기 시작한다. 사마천의 『사기』는 이토록 막강한 한무제의 시대에 집필되었다.

죠. 사실 옛날 사람들은 이런 마음으로 글을 쓰기도 했거든요. 대부분 '내 글이 너무 어려워 지금 사람들이 아무도 알아줄 사람들이 없어 장독대에 덮개로나 쓰이다가 한 천 년 후에, 오백 년 후에 눈 밝은 이가 알아봐 줄 수 있을지도 모른다'(사실 이건 자만심이긴 한데!)는 겁니다. 그래서, '국가보안법' 같은 데 걸릴까 봐 『사기』는 만들어지자마자 감추어져야 했습니다.

『사기』의 구성

이제 『사기』의 구성을 좀 살펴볼 텐데요. 『사기』라는 책은 다섯 개의 체제로 되어 있어요. 사마천이라는 인물이 세상을 어떻게 읽었는가 하는 점을 이 체제에서도 볼 수 있는데요. 크게 '본기'(本紀), '세가'(世家), '표'(表)와 '서'(書), 그리고 '열전'(列傳)이라는 체제로 이루어져 있습니다. 총 130편의 글을 이 다섯 가지 범주로 나누어 놓았습니다.

그런데 130편 중 70편이 '열전'에 속해 있습니다. 분량도 '열전'이 가장 많고요. '열전'에서 '열'(列)은

'나열하다'라는 뜻을 담고 있고, 또 '전'(傳)이라는 글자는 일대기, 전기를 뜻해서, 간단히 말해 여러 인물들의 전기를 모아 놓았다고 보면 됩니다. '본기'라고 하는 것은 '근본이 되는 이야기'를 뜻하는데, 사마천이 천하의 주인이라고 생각했던, 제왕들의 전기를 모아 두었습니다. 아까 이야기했던 황제(黃帝)부터 전욱, 제곡, 요순, 하, 은, 주…, 이런 식으로 주욱 나오는 거예요. 진시황(秦始皇)도 '본기'에 들어가고 그다음에 한고조 유방(劉邦)과 천하를 다퉜던 항우(項羽)도 '본기'에다가 집어넣었어요.

사실 항우는 천하의 제왕이 된 적이 없습니다. 하지만 사마천의 역사 감각에는 항우가 활약했던 이 시대에 천하의 주인은 사실상 항우였다라고 하는 마음이 있는 거죠. 한고조 유방에게 패배한 상대였음에도 「항우 본기」(項羽本紀)를 배치한 뒤에 한고조 유방에 대한 멋진 기록이 붙습니다. 항우에 대한 이런 식의 감각은 이후 승리자의 관점에서 역사를 다루는 후대인의 시각과 비교해 사마천의 역사가로서의 안목이 돋보이는 지점이라고 할 수 있습니다.

그런데 다섯 가지 체제 중에서도 '세가'(世家) 갈

은 경우는 오늘 우리가 살펴볼 가족이라는 주제와 관련해서 특별합니다. '세가'는 간단히 말해 가(家), 즉 가문에 대한 기록입니다. 그런데 '세가'에서 다루고 있는 가문들은 '본기'의 제왕들로부터 가지를 친 가문들입니다. 그러니까 가문이라고는 해도 사실은 왕족입니다. 왕에 해당하는 게 '본기'고, 그 왕이 자신의 땅을 가족이나 공신들에게 영지로 봉해 주고 거기에 나라를 건국시켜 준다, 이것이 '봉건'이거든요. 봉건제를 통해서 제후국들이 생기는데 주로 이 제후국들의 역사를 다룬 것이 '세가'라고 할 수 있습니다.

그래서 '세가'라는 제목을 보시면 '세습하다'라는 뜻이 있습니다. 세대를 이어 간다는 뜻이기도 하고요. '세대를 이어 가는 가문'이라는 말입니다. 그러니 '가'라는 이름이 들어갔지만, 당연히 우리가 생각하는 정도의 대가족 이런 정도가 아닙니다. 우리나라로 따지면 최소한 하나의 도쯤 되는 거죠. 그런데 중국은 더 크니까, 규모가 더 크겠지요. 옛날 중국의 입장에서는 조선도 하나의 가(家) 정도 되는 규모였다는 점을 참조하시고요.

이제 우리가 들어 봤음직한 제후국들이 등장합니다. 천하를 통일한 진시황의 진(秦)나라도 원래는 주나

항우(왼쪽)와 유방(오른쪽). 사마천은 한나라를 세운 유방과 함께 항우를 '본기'에 기록하고 있다. 항우가 활약했던 시기에 실질적인 '왕'이 항우였음을 인정하는 사마천의 시각은 '승자의 기록'을 역사로 인식했던 후대의 역사가들과 비교했을 때 탁월한 지점이 있다.

라의 제후국이었는데, 이제 천하의 주인이 되기 때문에 진나라의 역사는 천하에 단 한 사람인 왕(王)의 세계, 즉 '진 본기'(秦本紀)로 가는 거예요. 그 밖에 강태공(姜太公)의 제나라, 주공(周公)의 노나라, 남쪽의 초나라, 오나라, 월나라, 정나라 등등, 나라들이 무수하게 많겠죠. 이런 나라들의 이야기를 왕위가 세습되는 과정을 중심으로 기록해 놓은 것이 '세가'입니다.

마지막으로 '표'와 '서'인데, '표'는 우리가 역사에서 흔히 보는 연표 같은 거라고 생각하시면 되고, '서'는 정치와 관련된 논설, 논문 같은 것이라고 생각하시면 됩니다. 가령 세금 문제 같은 것들을 정리한 것입니다.

'열전'과 '세가', 풍부한 이야기의 창고

이렇게 다섯 개의 부분으로 나눠어 있는데, 사마천의 『사기』를 읽을 때 보통은 '본기'와 '세가', '열전'을 주로 읽습니다. 여기에 굉장히 많은 그리고 흥미진진한 이야기들이 들어 있습니다. 우리가 잘 아는 역사 속의 이야기들은 대부분 다 여기에 들어 있다고 보면 됩니다.

형가(荊軻)가 진시황을 암살하려 하는 장면을 그린 한나라 시대의 화상석(畵像石). 자객의 대명사로 알려져 있는 형가 역시 사마천의 '열전'을 통해 생명력을 얻은 인물이다. 사마천은 '열전'이라는 형식을 통해 왕이나 권력자 같은 특별한 사람들뿐만 아니라, 중국 땅에 발붙이고 살아온 수많은 인간 군상을 그려 내고 있다. 『사기』의 '열전'이 없었다면 우리에게 전해진 동양의 역사는 훨씬 얄팍해졌을지도 모른다.

따라서 재미를 느낄 수 있는 부분도 이 세 개의 카테고리입니다. 그 중에서도 '열전'이 갖는 특별함이 있어요. 왜냐하면, 우리가 역사라고 하면 보통 승리한 왕조나 권력자들 같은 승리자들의 담론으로 이해를 해왔지만, 사마천은 비록 저 위대한 제왕들이 있고 또 그 밑에서 주인 행세를 하는 많은 세력들이 있지만, 그 사람들보다도 훨씬 더 많은, 실제로 땅에 발붙이고 살아온 수많은 군상들이야말로 역사의 주인공들이 아니겠는가, 하고 주장하는 듯 보이기 때문입니다. 제가 약간 오버해서 말씀드렸습니다만, 어쨌든 이 보통 사람들의 이야기가 분량도 많고 그 안에 등장하는 인물 군상들 자체가 천편일률적으로 도덕적이지 않고, 다양한 모습을 보여 줍니다.

여기에는 굉장한 의리로 자기 일생을 다 바치는 사람도 있지만, 협잡꾼 같은 사람들도 등장합니다. 장사하는 사람들의 이야기인 「화식열전」 같은 것들도 있고, 심지어 「조선열전」도 있습니다. 이것이 고조선에 대한 가장 빠른 기록이기도 합니다. 그리고 또 한 가지, '열전'의 시작을 백이(伯夷)라는 인물로 시작하고 있는데요. 이 백이의 생애를 통해서 사마천 자신이 『사기』를 저술할 때 가졌던 여러 가지 복합적인 심리랄까, 주된 관점 같은 것들을 투사해서 보여 줍니다. 굉장히 아름답고 기묘한 글로, 『사기』라는 책을 관통하는 문제의식을 담아 보여 주고 있는 '작품'입니다.

많은 연구자들이 이런 여러 가지 이유로 '열전'을 많이 읽고 연구해 왔습니다. 그런데 이번에 저는 '가족'을 주제로 강의를 준비하면서 '세가'를 다시 보게 되었습니다. 사마천이 『사기』란 책을 쓰면서 이 '가족', 당시의 감각으로는 '가문'에 대해 특별한 감각을 가지고 있다는 걸, 그러니까 가문이라고 하는 걸 사마천이 굉장히 의식하면서 『사기』를 썼다는 것을 이번에 좀 알게 됐어요. 무슨 말이냐 하면 '세가'는 '본기'와 '열전' 사이에 낀 애매한 위치가 아니라, 이 '세가'라고 하는 것 자체의 어떤 이야기 동력이 있다는 말씀입니다. '세가'는 인간 세상의 어떤 특징들, 특별함 이런 것들을 말해 주고 있지 않은가, 그래서 '세가' 역시 의미상으로 나눌 만한 특정한 이유가 있는 카테고리가 아닐까 이런 생각을 하게 됐다는 거예요.

'세가'의 제목들을 보면서 이런 생각을 하게 되었는데요. 이 '세가'가 제후국 자체에 관한 이야기였다면 제목이 그냥 '제세가', '노세가' 이런 식이 되어야 하잖아요. 그런데 사마천은 '세가' 각 편의 제목을 '제태공 세가', '노주공 세가' 이렇게 붙여 놓았어요. '제'는 국명이고, '태공'은 강태공을 가리키는 거죠. 그러니까 '제나라에 봉해진 강태공의 세가'라는 뜻이지요. '노주공 세가'도 '노나라에 봉해진 주공의 세가'라는 뜻이고요. 그러니까 '세가'라는 것이 어떤 나라의 이야기가 아니라, 강태공이나 주공과 같은 인물과 그 가문에 관한 이야기를 기록해 놓은 거라는 거죠. 우리가 지금은 무슨 나라, 무슨 나라 하면서 국가처럼 생각하지만, 사마천이 기록한 것은 한 인물이 자기의 가문을 어떻게 경영하는가, 그리고 그 이후 가문이 어떻게 이어져 가는가 하는 이야기라는 겁니다.

강태공이나 주공이나 위(衛)나라 강숙(康叔: 문왕의 여섯째 아들, 무왕의 동복형제)같이 큰 나라를 봉해 받은 사람들은 무왕의 형제이거나 또는 왕업을 세우는 데 큰 일을 한 강력한 공신들이었던 거죠. 그래서 나라들에 관한 이야기처럼 보이기도 하지만 사실 가문들의 이야기라는 거고, 사마천이 보여 주는 이 가문들의 이야기를 지금의 우리가 생각하고 있는 어떤 가족이나 가문이라고 하는 이야기와 한번 견주어서 이야기를 해보면 어떨까 하는 것입니다. 이렇게 했을 때, 사마천이 생각하고 있었던 또는 당대에 통용되었던 가문에 관한 이야기들의 어떤 날것들을 들여다볼 수 있지 않을까, 그리고 그것들이 지금 우리가 가지고 있는 가족이나 가문에 대한 감각과 비교해 봤을 때 어떤 점에서 생경하고 어떤 점에서 다른 질문들을 주는지를 읽어 보면 어떨까 하는 것이 오늘 강의의 밑그림입니다.

史記 2부

춘추전국시대라는 배경

봉건시대의 시작

『사기』에 나오는 가족 막장극들을 살펴보기 전에, 춘추전국시대(春秋戰國時代)의 역사에 대해서 몇 가지 개념을 좀 이야기하고 본격적인 이야기로 들어가 보도록 하겠습니다. 춘추시대, 전국시대를 합쳐서 춘추전국시대라고 부릅니다. 앞서 얘기했던 오제의 시대로부터 쭉 내려와서 주(周)나라가 성립이 돼요. 이게 왕의 나라입니다. 조선도 '왕'이라고 했지만 사실 근대 이전 중국 중심의 동아시아 질서에서 왕은 천하에 한 명이거든요. '하늘의 아들'이라고 해서 '천자'(天子)라고 부르는데, 실상은 왕인 거죠. 그리고 이 왕이 천하를 제후국들에게 봉하는 거죠. 이 얘기는 무슨 말이냐 하면 제후국들과 왕과의 관계가 기본적으로 군신 관계라는 거예요. 당연히 평등한 관계가 아니고, 위계가 있는 관계라는 거죠.

그런데 재미있는 게 처음에 왕이 땅을 나눠 주고 나라를 세워 줄 때엔 위계 관계가 분명했죠. 무왕이 은나라를 쿠데타를 통해서 무너뜨리고 나서 주나라를 세울 때 여기에 참여했던 주공이나 강태공 같은 형제나 공신들에게 땅을 봉하면, 처음에는 당연히 주나라가 형의 나라고, 주군의 나라니까 관계가 좋습니다. 위계가 확실하고. 하지만 지역적으로 멀리 떨어져 있고 그 나라에서 자치를 하고 세력이 공고해지면서 이런 관계가 조금씩 열어진다는 겁니다.

애초에 처음 봉할 때부터도 미묘한 갈등이 있는데, 예컨대 제나라를 강태공에게 봉하고, 노나라를 주공에게 봉하는 거죠. 주나라에서 멀리 떨어진 동쪽으로 보내 버린단 말예요. 개국공신이고 세력도 크니까 가장 부담스러운 거예요. 현실은 이런 거예요. 그러니까 같이 큰 일을 도모할 때는 힘을 모아서 했지만 막상 일이 성사되고 난 다음에는 가장 불편한 사람들이 이 개국공신들이거든요. 한나라 고조 유방 같은 경우에도 항우와 같은 인물과 싸워야 했으니까 얼마나 힘듭니까. 비유하자면 백 번 싸워서 아흔아홉 번 졌단 말이에요. 한 번 이겨서 황제가 됐단 말이에요. 그런데 한고조는 아흔아홉 번 지는 걸 잘 졌어요. 이게 한고조를 끝내 한 번 승리하게 만든 거거든요. 어떤 때는 완전히 바닥에 바짝 엎드리기도 했습니다. 자존심 같은 게 절대 없어서가 아니라, 때가 자존심을 부릴 때가 아니었기 때문입니다. 나이 오십이 가까워서 스물 몇 살 되는 항우가 소리 지르면 벌벌 떠

무왕의 동생인 주공(왼쪽)은 노나라에, 개국공신인 강태공(오른쪽)은 제나라에 봉해진다. 이렇게 강력한 신하들이 멀리 떨어진 나라에서 자치를 하게 되면서 애초에 공고했던 봉건질서의 위계는 흔들리기 시작한다.

는 척하고 그랬거든요. 그런데 말하다 보니 실제로 떨었을 수도 있겠다는 생각이 드네요, 이십대의 항우라면 말이죠. 어찌 됐건 그렇게 눈치 보고 살다가 결국은 이 판을 뒤집어 낸 것입니다.

이렇게 이길 수 있었던 이유를 한고조를 따르는 장수들과 참모들에게서 찾곤 하는데요. 이긴 후에 이 사람들 다 어떻게 합니까. 다 논공행상을 해줘야 하잖아요. 그런데 『사기』 「한고조 본기」 뒷부분에서는 이 백전노장들이 거의 다 반역죄로 죽습니다. 처음 『사기』를 읽을 때는 그런가 보다 했는데, 지금 다시 보니 실제로 반역을 했을까 하는 의문이 생기더라고요. 반역할 이유가 별로 없어 보이거든요. 아니면 반역이라도 해보지 않을 수 없게 몰린 것일 수도 있겠지요. 어쨌든 한신, 팽월 같은 명장들이 다 반역죄로 죽죠. 그렇게라도 하지 않으면 불안해 견딜 수가 없다는 듯이…. 한고조 혹은 본가인 한나라 왕가 입장에서는 제후, 장수가 군사를 그렇게 많이 가지고 있다는 게 불안한 거죠. 그런데 나라를 봉해 주고 제후들이 각자 자치를 하게 되면서 상황을 더 통제할 수 없게 됩니다.

유방이 탁월한 용력과 전쟁 능력을 지니고 있었던 항우를 고투 끝에 물리치고 한나라를 건국할 수 있었던 것은 기라성 같은 장수와 참모들 덕분이다. 이 중 소하(왼쪽)와 장량 같은 공신들은 자신을 낮추거나 은거하는 방식으로 이후의 삶을 도모했다면, 한신(오른쪽), 팽월, 경포와 같은 이들은 곧 반역죄로 몰려 죽음을 맞이하게 된다.

제후국 사이의 격차

그런데 서로에 대한 온도 차는 왕가와 제후국 사이에서만 생기는 게 아닙니다. 시간이 흐르면서 제후국과 제후국, 즉 나라와 나라 사이에 차이가 생기고 이것이 다시 종주국과 제후국의 관계까지도 틀어지게 합니다. 그렇게 몇 대가 지나고 나면 우리 할아버지가 저쪽 할아버지랑 피를 나눈 혈맹의 관계였는데…, 어쩌구 하던 시절에서, 나는 저 사람 본 적도 없다…, 이렇게 되는 거죠. 그리고 비슷한 이웃나라 사이에도 한쪽에는 계속 가뭄이 들어서 민심이 흉흉해지고 백성들도 도망가고 하는데, 다른 나라는 땅이 좋고 수확이 많아서 인구가 늘고 세금도 많이 걷히고, 잘살게 되고 군대도 늘어나는 식으로, 쉽게 차이가 나는 거예요. 그 와중에 리더가 엉뚱한 사람이 나오면 몰락하는 건 금방이고. 오늘날보다 이런 변수들이 크게 작용하는 때이기 때문에 나라 사이에 불균형이 금세 나타나기 시작합니다. 나라 망하는 거, 생각보다 순식간입니다.

예컨대 제나라 같은 경우, 강태공이 처음에 이 땅으로 봉해졌는데 천천히 갑니다. 주나라 도읍을 떠나기 싫

은데 어쩌구 하면서 느긋하게 가는데, 참모가 그 땅을 지금 근처의 오랑캐들이 노리고 있는데, 어서 가서 선점하지 않으면 더 힘들어진다, 이런 식의 조언을 합니다. 그러니까 주나라의 땅으로 다 확정돼 있는 상태에서 그 땅을 나눠 주는 게 아니에요. 대충 장악을 하고는 니 땅 하라고 주는 거예요. 거기에 사람이 살고 있는데, 가서 '우리 땅인데 나가', 이렇게 되는 거죠. 그러다가 싸움이 나기도 하고, '같이 삽시다!', 이렇게 되기도 하는 거고요. 강태공이 그 참모의 말을 듣고 정신이 번쩍 나서 빨리 가는 거죠. 그래서 제나라 땅에 가서 정착하는데, "거기 있는 사람들의 풍속을 따랐다", 이렇게 되어 있어요. 이 얘기는 유연하게 변법을 해서 성공을 한 거라고 볼 수도 있고, 한편으로는 선진 문명과 토착 문명이 타협을 한 거라고 볼 수도 있죠.

그런데 노나라는 반대였어요. 노나라는 주공의 나라였는데 노나라는 나라를 정비하는 게 훨씬 더뎠어요. 그래서 시간이 지날수록 제나라와 국력 차가 점점 벌어집니다. 제나라가 훨씬 강대국이 되는 거예요. 그런데 노나라는 자신들이 문명국이라고 하는 자존심이 있어요. 이 노나라에서 공자(孔子)가 태어납니다. 공자가 가장 존경한 인물이 주공인데, 이 주공이 바로 주나라 질서, 곧 봉건제를 세팅한 인물입니다. 그러니까 천자의 나라는 주나라지만, 사실상 그 문명이 남아 있는 것은 노나라고, 그 노나라의 문화적 적통은 자신에게 있다는 것이 공자의 생각입니다. 그래서 공자는 약소국의 선비지만 큰 나라에 대해서 자부심을 가지고 있었습니다. 자신이 주공의 후예인 노나라 사람이라는 거죠. 그래서 하늘이 문명 자체를 없애려고 한다면 모르겠지만, 문명을 없애려고 하지 않는 한 자기를 함부로 어쩌지 못할 것이다. 공자님은 이런 대단한 자부심을 갖고 있었던 거죠.

주나라의 쇠퇴와 전국시대의 시작

이렇게 제후국 간에 알력과 차이가 생겨났지만, 여전히 어떤 마지노선, 암묵적인 금기가 있었습니다. 어떤 나라가 아무리 힘이 세도 주나라와 그 나라의 관계는 군신관계, 그리고 제후국들 사이의 관계는 평등 관계라는 것입니다. 내가 이웃한 나라보다 힘이 세서 한 번 기지개를 켜면 고꾸라뜨릴 수 있는 지경이라도 전쟁을 함부로

할 수 없습니다. 주나라 허락을 받고 해야 해요. 이런 암묵적인 규정이 있던 게 춘추시대예요. 주나라의 힘이 충분해서 통제할 수 있는 시대가 있었는데, 이 시대가 얼마 안 갑니다. 금방 권위가 무너져서 통제가 안 되는 거예요. 이렇게 통제가 안 되기 시작하면서 이제 강국들이 기지개를 켭니다.

이를테면 남쪽의 초나라 같은 경우, 원래 초나라가 자리잡은 장강 쪽은 북방 사람들이 가질 않아서 '그냥 초나라 너희 거기 해, 대신에 올라오지 마', 이렇게 했던 거예요. 그런데 초나라는 '우리도 나란데? 우리도 강대국인데?', 이러고 있는 형국입니다. 요컨대 북방 나라들은 굳이 초나라와 안 어울리려고 하는 거죠. 힘은 엄청나게 세고, 나름의 생산력이 발달했지만, 문명이라는 관점에서 보자면 황하 문명과 장강 문명과 그 사이를 나누는 회수 문명은 사실상 굉장히 이질적입니다. 황하를 중심으로 주나라, 제나라, 노나라, 오늘 강의의 주인공인 진나라, 이런 나라들이 있고 장강을 중심으로는 초나라가, 회수와 장강을 중심으로는 오나라, 월나라 등이 있는 거예요. 이 나라들은 각각 서로 다른 특성들이 있어요. 그런데 적어도 주나라가 권력을 틀어쥐고 있던 시대에는 주나라의 번국(藩國)으로서의 입장을 가지고 있었어요. 그래서 함부로 제후들끼리 전쟁을 할 수가 없어요. 천자에게만 정벌권이 있기 때문에, 천자가 준 나라를 제후가 함부로 없앨 수 없다는 뜻이에요.

춘추시대에는 이게 암묵적으로 살아 있었다는 거죠. 그런데 어느 순간부터는 "유명무실한 저 왕의 말을 따를 필요가 있어?" 하면서, 자신들도 왕이 되겠다고 하는 마음들이 드러나기 시작하는 겁니다. 자신들이 왕보다 못한 게 뭐가 있나…, 하면서 스스로 왕을 참칭하기 시작합니다. 천하에 한 명이었던 왕이 엄청나게 많아지죠! 그게 전국시대인 거예요. 잘 구별이 안 되시겠지만 옛 인물들의 명칭을 보면 잘 드러납니다. 제나라 환공(桓公)이라고 있죠. 관포지교(管鮑之交)로 유명한 관중(管仲)이라는 인물과 함께 천하의 맹주 노릇을 했던 인물인데 제나라의 '환공'이라고 불러요. 이 공(公)이라는 명칭은 제후에게 붙는 이름이거든요. 노나라 은공, 진나라 목공, 이런 식이죠. 『논어』(論語)를 보면, 거기에 등장하는 인물들은 다 공이에요. '제나라 경공을 만났다', 이렇게 되어 있어요. 공자는 춘추시대 사람이거든요.

그런데 『맹자』(孟子)로 가면, 맹자는 전국시대 사람

공자(왼쪽)와 맹자(오른쪽). 공자와 그 제자들의 이야기가 담긴『논어』에서 각 제후국의 우두머리들은 제환공, 노장공, 위령공처럼 '공'(公)이라고 불렸으나,『맹자』에서는 '양혜왕'이나 '제선왕'처럼 '왕'(王)이라는 호칭이 등장한다. 이 호칭의 차이가 춘추시대와 전국시대의 분위기를 상징적으로 드러내고 있다.

이거든요. 『맹자』 첫번째 편이 「양혜왕」(梁惠王) 편이에요. 양나라 혜왕을 만났다는 거예요. 그 뒤로 가면 제나라 선왕(宣王)을 만나요. 이 나라가 제환공이 있던 제나라인데, 춘추시대에는 공(公)이었던 사람들이 어느 순간부터는 왕(王)이라고 자기를 칭하는 거예요. 그래서 옛날 책들을 보면서 왕이라고 칭하는 시대를 보면 전국시대로 넘어왔다는 걸 알 수 있죠. 아직 공, 후, 이렇게 칭하는 시대는 주나라 왕 하나를 바라보면서 자신들을 감히 왕이라고 할 수 없는 시대라고 구분이 되는 거예요. 이렇게 춘추와 전국시대의 구분은 춘추시대가 아직 천자라고 하는 사람의 종주권이 있다고 암묵적으로 믿어주는 시대, 실질적으로 발휘는 안 되지만 그냥 그렇다고 믿어 주는 시대라면, 전국시대는 그마저의 권위도 이제 사라지고 서로 힘 대 힘으로 누가 주인이 될 것이냐를 다퉜던 시대라는 거예요.

춘추시대, 패자들의 등장

이 춘추전국시대에서 오늘은 춘추시대를 중심으로 말

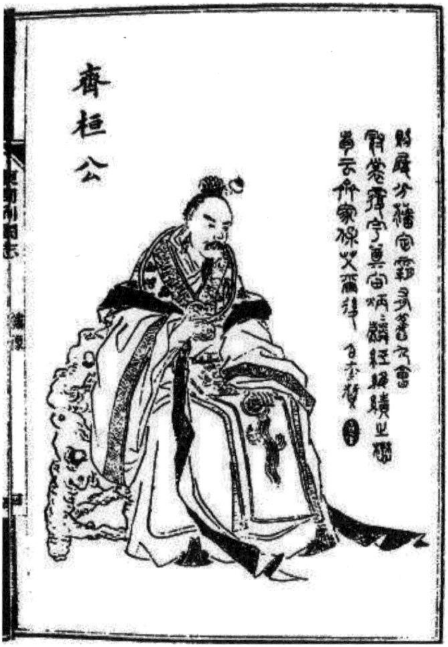

춘추시대의 첫번째 패자였던 제환공. 관중의 도움을 받아 천하를 장악하고 제후국들을 모아 아홉 차례의 회맹을 주도했다. 초나라의 중원 진출을 막아 낸 것이 큰 공적으로 꼽힌다.

씀을 드릴 텐데 주나라의 왕이 실질적으로 왕의 역할을 못하기 때문에 이 제후국들 사이의 알력 속에서 춘추시대를 호령하는 춘추의 패자(霸者)들이 생겨나게 됩니다. 패왕들이 생기는 거예요. 이 사람들은 왕은 아니에요. 하지만 사실상 주나라 왕보다도 더 권력이 막강해요. 무슨 말인지 아시겠죠? 그런데 겉으로는 자기가 아래라고 생각하는 거예요. 춘추시대를 호령했던 첫번째 패자가 누구냐면 앞서 말했던 제나라 환공입니다. 관중이라는 인물과 찰떡 콤비가 돼서 천하를 완전히 장악했죠. 천하를 장악했다는 뜻이 무엇이냐 하면 제나라 환공이 "어…제후들이 보고 싶어. 한번 모일까?" 이렇게 '번개'를 치면 와야 되는 거예요. 이런 것을 '회맹'(會盟)이라고 해요. '모여서 맹세한다'라는 뜻이죠. 그렇게 모여서 국제질서 같은 걸 얘기하는 거죠. 이런 게 패자예요. 힘이 없는 나라는 할 수 없는 일이죠. 그런 권위, 아니 사실은 권력(힘)이 있는 거예요. 안 오면 밉상 박히는 거고 다음에 전쟁이나 기근이나 이런 문제가 있을 때 괴롭힘을 당하는 거죠.

두번째로 등장한 패자가 진(晉)나라 문공(文公)인데요. 이 진나라는 나중에 최초의 중국 통일 왕조를 열게

서쪽 변방에 위치하여 중원의 제후국들로부터 초나라와 같은 취급을 받으며 소외되었던 진나라는 춘추전국시대를 거치면서 최강대국으로 성장하고, 결국 진시황(왼쪽)에 의해 통일의 위업을 달성하게 된다. 오른쪽은 통일 이후 진시황이 전국을 순수(巡狩, 왕이 나라를 돌아봄)하며 세운 공덕비 중 낭야대 각석의 탁본(중국 고궁박물원 소장). 각석의 글씨는 이사(李斯)의 것으로 알려져 있다.

되는 진시황의 진(秦)나라가 아닙니다. 쓰는 한자가 다르죠. 진시황의 진나라 이야기를 잠깐 하자면, 진나라는 황하의 서쪽에 위치합니다. 서쪽 멀리 있기 때문에 진나라는 춘추시대 초반부 정도까지는 거의 남쪽의 초나라 같은 대우를 받았습니다. 은근히 배제되고, 여하간 상대를 안 해줬어요. 그런데 주나라가 한번 서쪽 오랑캐, 서융한테 크게 당하거든요. 왕이 전쟁 중에 죽고 그래요. 그때 이 진나라가 주나라 왕실을 보호해서 새로운 왕을 자리에 앉히는 데 공을 세웁니다. 그 공로가 인정돼서 진나라가 춘추시대에 정식으로 제후국 인정을 받게 되고요. 그러니까 힘은 진나라가 훨씬 세지만 힘도 없는 주나라가 너도 이제 제후국이다라고 얘기를 해줘야 주나라 질서에 들어갈 수 있었던 거예요.

그런데 춘추시대에서 전국시대가 된다는 것은 전쟁이 시작된다는 이야기이고, 전쟁이 시작된다는 건 서로 왕이 되려는 사람들이 싸운다는 이야기인 것입니다. 결국 왕은 하나일 수밖에 없는 이름이기 때문입니다. 이 싸움에서 결국 천하의 주인이 되는 게 진(秦)나라인 거예요. 가장 서쪽 변방에서 뒤늦게 시작한 제후국이 하나씩 하나씩 제후국들을 물리치고 중원 최초의 통일 왕조가 되는 과정, 이것이 주나라에서 진나라로 이어지는 춘추전국시대의 역사인 겁니다. 모였다가 흩어졌다가 다시 모이는, 중국사의 공식이 생겨나는 원점 같은 시기이기도 하고요.

史記 3부

춘추시대 가족 막장 치정극

제환공의 가족사

처남의 나라에서 죽은 왕 : 제양공과 노환공

자, 너무 많이 돌아왔는데, 이제 본격적인 춘추시대의 가족 이야기를 해보겠습니다. 조금 전에 이야기했던 춘추시대 첫번째 패자 제환공이 있었죠. 이 제환공의 선대 왕이 누구냐면 제나라 양공(襄公)이라고 하는 인물이에요. 이 양공은 아주 음험한 인물입니다. 그리고 아주 노련한 정치가이기도 했는데, 이 제양공이 왕위에 오르기 전에 자기의 이복 여동생과 사통하는 관계였어요. 특별하거나 놀랄 만한 사실이 아닙니다. 이런 거에 놀라실 필요 없어요. 『사기』에는 이런 얘기들이 너무 많아서 일일이 놀라다간 채 읽을 수가 없습니다. 이 여동생 이름이 문강(文姜)인데, 이 여자가 노나라로 시집을 가요. 노나라 환공(桓公)에게 시집을 갑니다. 노나라 환공과 결혼을 하고 십몇 년만엔가 노환공이 부인과 함께 자기 처가로 놀러를 오는 거예요.

대충 무슨 얘기가 나올지 아시겠죠? 생각하시는 바로 그 얘기! 노환공의 부인 문강 여사께서 다시 고향으로 돌아온 겁니다. 고향이자 첫사랑이 있는 땅이기도 한. 이때 노나라 환공이 제나라에서 엄청나게 환대를 받습니다. 처남이 강대국 제나라 왕이니 대접이 얼마나 대단했겠어요? 맨날 온갖 요리와 술을 먹고 마시면서 그냥 막 취해서 살았어요. 그런데 너무 취해서 살다 보니까 거의 부인 얼굴을 잊어버릴 정도로 언제 봤는지 기억이 안 나는 거예요. 실제로는 부인이 있어야 할 곳에 없었기 때문인 거죠. 부인도 바빴던 겁니다. 부인은 부인대로 오래간만에 옛 애인을 만나서 밀회를 즐기고 있었는데, 결국은 이 정황을 노환공한테 들켜요. 노환공이 얼마나 황당합니까. 노발대발해서 이 문제를 국제문제로 끌고 가려고 귀국을 서두르거든요. 당황한 문강 여사께서 자기 오빠에게 이 사실을 알렸겠죠.

제양공도 천하의 내로라하는 제후지만 체면 문제가 있잖아요. 이게 명분이 안 서는 일이니까요. 그래서 제양공이 노환공한테 "미안한데 풀 건 풀고, 얘기 좀 하자", 이렇게 달래면서 술을 엄청 먹여요. 그러고는 자기의 오른팔 팽생(彭生)이라는 역사(力士), 곧 힘이 좋은 보디가드 같은 인물에게 대리운전을 시키면서 환공을 잘 부축해 주고 오라고 보내죠. 그래서 팽생이 노환공을 부축해서 수레에 실으려고 번쩍 들었는데 허리가 부러져요. 그렇게 죽은 거예요. 생각해 보세요. 지금 처남의 나

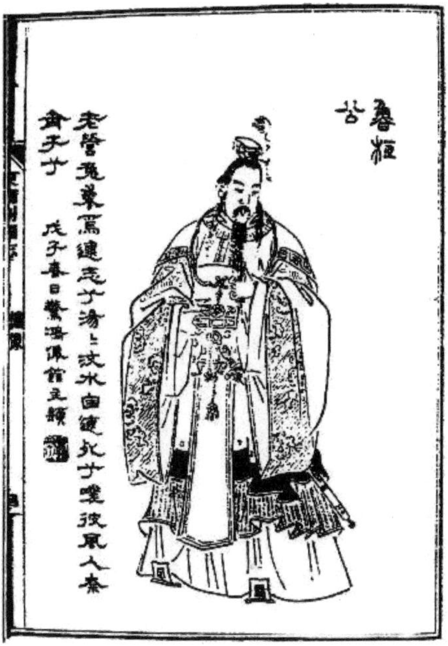

처남인 제양공에게 억울한 죽음을 당한 노환공.

라에 갔다가 객사에 비명횡사를 한 거예요. 시신이 돼 돌아온 겁니다. 문강은 노나라로 돌아가지도 못했겠죠.

게다가 군주가 갔는데 신하들이 다 따라갔을 거 아닙니까. 소문이 막 나고 대부들이 공식화시키지만 못했을 뿐이지 노나라에는 소문이 퍼진 거죠. 노나라에서 난리가 났어요. 이제 이거 어떻게 할 거냐, 공론화를 시키느냐 마느냐, 막 이야기가 분분했지요. 그런데 노나라가 이때만 해도 벌써 국력이 많이 떨어져서 이 문제를 정식으로 공론화시키지를 못해요. 유야무야하고 말거든요 그런 사건이 이제 노나라와 제나라 사이에 있었어요. 그러고 나서도 제양공은 의기양양해 가지고 계속 사건사고를 치고 무소불위의 권력을 행사하는 사람이었는데, 그러다가 제양공이 죽고 난 다음에 이 제양공의 후계자들이 제위에 오르려고 다투는 과정에서 엄청난 살육전이 벌어집니다.

형제간의 살육전

제환공은 제양공의 동생이었습니다. 제양공에게는 몇

명의 동생들이 있어요. 그리고 아들도 물론 있습니다. 이런 구도는 아들과 삼촌들 사이에 권력투쟁이 본격화된다는 걸 뜻합니다. 『사기』나 고대의 역사에서 거의 예외가 없어요. '가족끼리 왜 이래'가 아니라 가족이니까 그러는 겁니다.

이게 가족이 아니고선 설명할 수가 없어요. 저 자리는 내 자리라고 생각하고 나도 될 수 있다고 생각하기 때문에 그렇다는 겁니다. 오히려 남이면 '쿠데타' 같은 이름이 붙지만, 이 사람들 사이에서는 혹 '쿠데타'나 '반역'이라는 이름이 붙더라도, 사실상 자기도 갈 수 있었던 자리라고 생각하는 거죠. 자기 아버지나 자기 할아버지 대에 빼앗겼다고 생각하는 자리, 그러니까 현재 누구든 힘이 더 세면 차지할 수 있는 자리라는 겁니다. 그런 생각이 첫번째니까 누구와도 손잡을 수 있고 누구든 제거할 수 있는 거죠. 그러니 조카 정도는 너무나도 쉽게 제거할 수 있는 상대, 눈치 안 보고 죽일 수 있는 정도인 겁니다. 왜? 아버지, 형제, 이런 사람들조차도 눈 깜짝 하지 않고 제거해야만 자기가 올라가는 바닥이기 때문에 조카하고 싸우는 건 아무 일도 아니죠.

그래서 일찌감치 제양공의 아들은 '게임아웃'되었

는데 문제는 이 형제들끼리, 같이 자랐던 형제들끼리의 싸움이었습니다. 이 사람들이 가진 게 부족한 사람들이 아니잖아요. 꼭 최고 권력을 차지하지 않더라도 떵떵거리는 가문에서 충분히 권력을 누릴 수 있고, 땅도 충분하고 돈도 많은데, 아름답게 나눠 가지고 사이좋게 잘 살았습니다라고 하는 이야기를 소설이 아닌 실제 역사 안에서는 거의 볼 수 없다는 겁니다.

아, 한 번 있었죠. 꼭 한 번이라고 할 수는 없지만…. 가장 유명한 일이 뭐냐 하면 주나라의 주공이 보여 줬던 선례입니다. 백전노장 주공은 주나라를 세운 무왕의 동생인데, 무왕이 죽고 나서 조카인 아홉 살의 성왕을 성군으로 키워 내고 끝까지 보좌했다는…. 이 과정에서 많은 의심을 받지만 끝내 주공은 조카인 성왕이 성장한 후에 자리에 연연하지 않고 물러납니다. 이 주공의 이야기를 통해서 주나라는 제후들의 이상적인 모습을 보여 준 거죠. 하지만 한 번도 이 이상이 실현된 적이 없어요. 주공의 모범이 다시 행해진 적이 없다는 뜻입니다.

성왕(가운데)을 보좌하는 주공(왼쪽)과 소공(召公, 오른쪽). 주공은 주위의 의심을 받으면서도 어린 조카를 끝까지 보좌해 나라의 기틀을 튼튼히 다진다. 하지만 춘추전국시대를 거치면서 이런 이상적인 모습은 힘을 잃고 부모와 자식, 삼촌과 조카, 형제와 형제가 서로 죽고 죽이며 권력투쟁을 벌이는 것이 일반적인 모습이 되어 버린다.

첫번째 패자 제환공의 등장

다시 제나라의 이야기로 돌아와서, 제양공의 아버지이자 선대 군주인 제희공(齊僖公)에게는 제양공 말고도 두 명의 아들이 더 있었어요. 공자 규(糾)와 소백(小白)이 그들인데, 규라고 하는 아들은 제양공이 제후로 등극하자 노나라로 피해서 숨어 있었고 소백이라고 하는 인물은 거(莒)나라에 피해 있었습니다. 규는 노나라에서 관중의 호위를 받으면서 때를 노리고 있었고 소백은 거나라에서 포숙아의 서포트를 받으면서 제나라를 노리고 있었어요.

그러다가 제양공이 죽고, 두 형제간에 경쟁이 붙게 되죠. 제나라에 먼저 들어가서 권력 잡는 사람이 이긴다, 이렇게 해서 막 달려갑니다. 소백이 먼저 들어가는데 규의 측근이었던 관중이 소백을 향해서 활을 쏘거든요. 이 활이 소백을 정통으로 맞히긴 하는데, 허리띠 버클을 맞히죠. 그래서 기적적으로 목숨을 건졌는데 죽은 척을 해서, 규가 속도를 늦추고 천천히 오게 됩니다. 그래서 먼저 도착한 소백이 정권을 잡습니다. 이 소백이라는 인물이 제환공이에요. 이렇게 환공이 정권을 장악하

관중(왼쪽)과 포숙아(오른쪽). 관포지교(管鮑之交)로 유명한 이 두 사람은 제양공이 죽고 나서 각각 공자 규와 소백(훗날의 제 환공)을 위해 경쟁을 했다. 이 경쟁에서 소백이 정권을 잡지만, 소백은 포숙아의 설득으로 관중을 등용하여 제나라의 기틀을 잡고 천하의 패자(霸者)가 된다.

고 나니까, 규하고 관중이 다시 노나라로 숨거든요. 그러자 제환공이 노나라에게 "규는 당신들이 알아서 하고 관중은 괘씸한 놈이어서 내가 직접 죽여야 되겠다. 살려 보내라"라고 통첩을 보냅니다. 노나라에서 규를 죽이고 관중을 제나라로 보냅니다.

그런데 이것은 작전이었어요. 환공은 굉장히 교활한 인물이고 권력욕이 강한 인물이었기 때문에 자기를 거의 죽일 뻔했던 관중을 정말로 죽이고 싶어했죠. 그런데 포숙아가 원래 관중과 아주 어렸을 때부터 관포지교라는 고사가 나올 정도로 서로를 알아주는 친구였거든요. 포숙아가 환공에게 건의를 해요. 이 제나라 하나 정도를 다스리기 위해서라면 나 포숙아 하나로 충분하지만 천하에 뜻이 있다면 관중이 필요하다고요. 그런데 아까 한고조 유방도 그랬지만 천하의 패자가 되는 사람들은 아주 특별한 능력이 하나 있어요. 남의 말을 잘 듣는다는 것, 들을 귀가 열려 있다는 것! 살다 보면 점점 이 들을 줄 아는 능력의 대단함을 알게 됩니다. 여하튼 그건 그렇다 치고!

제나라 환공은 사실 굉장히 결점이 많은 인물입니다. 『사기』에도 그런 말이 많이 나와요. 훌륭한 일도 많이 했고 그릇도 크지만, 이 사람은 굉장히 즉흥적이고 굉장히 악랄하고 때로는 되게 잔인해요. 그리고 사실 굉장히 신의가 없어요. 나중에 이런 결점을 다 막아 주는 사람이 관중이에요. 제환공이 실수를 할 때마다 제환공의 발을 밟고 옷을 잡아당기면서 일깨우는 거죠. 그래서 천하의 사람들로부터 '아, 제나라가 믿을 만한 나라다'라고 하는 이미지 메이킹을 하는 겁니다. 그 모든 걸 뒤에서 조정한 게 관중이었습니다.

제환공의 가족사

이 관중을 등용하라는 포숙아의 말을 듣는 귀, 이게 저 동쪽 바닷가 변방에 있던 제나라의 환공이 천하를 호령하는 첫번째 패자가 될 수 있도록 했습니다. 그런데 이 제환공도 여색을 좋아했다고 되어 있습니다. 여색을 좋아하면 당연히 아들들, 공자들이 많을 수밖에 없습니다. 또 여색을 좋아한다는 얘기는 나라에 힘이 있다는 얘기도 됩니다. 무슨 이야기인고 하면 이웃나라들과 결혼외교를 한다는 얘기거든요. 그러니까 제환공의 아들들 각

각의 어머니가 다 여러 나라의 공주들인 거예요. 그래서 이제 제환공이 죽으면 누가 왕이 되느냐가 이웃나라들에게는 안위가 달린 문제가 되는 거예요. 이 각축이 얼마나 또 살벌하겠습니까?

그래서 제환공이 죽고 나서 형제들이 전쟁을 하느라 천하의 패자였던 제환공의 시신은 67일 동안 썩어가고 있었습니다. 시신에 구더기가 끓고 그래도, 이 아들들이 아버지 장례에는 관심이 하나도 없고, 자신들의 장래에만 온통 관심이 있어서, 방치돼 있었던 겁니다. 천하의 패자였으면 뭐하나 싶죠. 이렇게 형제의 난, 자식들의 난이 대대로 이어지는 겁니다. 이게 천하의 패자였던 제환공 가족사의 아주 일부분인데 이 일부분도 거의 다 형제, 부모, 삼촌을 제거하고 그 자리에 오르는 이야기들밖에 없습니다.

그런데 제환공은 제양공과 다른 모습이 좀 있긴 있습니다. 제환공 당시에도 제양공 때처럼 부적절한 사통이 벌어졌었습니다. 제환공이 그랬던 건 아니고 제양공 누이인가 딸인가가 노나라 장공(莊公)의 부인이 되었습니다. 이 노장공은 앞서 제나라에서 목숨을 잃은 노환공의 아들인데 제나라 여인 애강과 그 여동생 숙강을 동

제양공의 딸(제양공의 누이로 알려져 있기도 하다)인 애강(哀姜, 왼쪽)은 노나라 장공(가운데)의 부인이 되지만, 장공의 동생인 경보(오른쪽)와 사통하고, 이후 경보를 부추겨 반란까지 일으킨다. 당시 패자였던 제환공은 제나라 여자들로 인해 노나라에 혼란이 일어난 것을 경계하여 애강을 압박해 자결하도록 한다.

시에 처첩으로 두고 있었습니다. 노장공에게는 경보, 숙아, 계우라고 하는 세 명의 동생이 있었는데, 이 중 경보라고 하는 인물은 자기 형, 그러니까 노장공의 부인이었던 형수 애강과 사통하는 관계였습니다. 슬플 애(哀) 자 쓰는, 슬픈 운명을 맞게 되는 제나라 여인이었는데 이 여인과 사통했습니다. 그러다 노장공이 사망했을 때 이 애강은 아이가 없었고 대신 애강의 동생인 숙강이 노장공과의 사이에 낳은 아이가 있었는데 이 아이를 왕위로 올리려고 합니다. 이 과정에서 아무튼 경보랑 짝짜꿍이 돼요. 경보는 막내동생 계우와 전쟁하게 되는데 동생을 죽이려고 하다가 결국은 실패로 돌아가고 죽음을 맞습니다. 실은 그 이면에 좀 더 복잡한 스토리가 있지만, 대략 그런 이야기로 흘러갑니다.

그런데 이때 제환공이 이 사건을 어떻게 다루는가 하면, 애강을 압박해서 결국 스스로 목숨을 끊게 만듭니다. 이런 점이 제양공과 다른 점입니다. 그러니까 제양공은 자기의 사사로움 때문에 사실 국제질서에서의 관계를 다 무시했지만 제환공은 사건을 공적으로 처리하는 것으로 이 질서를 잡아 가는 거예요. 이것은 제환공이 특별히 대단해서도 아니고 제양공이 특별히 모자라서도 아닙니다. 항상 어느 시대나 사람들은 자기가 지금 겪고 있는 사건들에서 가장 이익이 되는 방식으로 행동한다는 것! 거기에는 우리가 생각하는 가족주의라거나 혹은 부모인데…, 형제인데…, 엄마가 같은데…, 이런 문제들은 경우에 따라서는 거의 영향을 미치지 않는다는 것, 이 말씀을 지금 드리고 있는 겁니다.

史記 4부

진문공의 가족사

부모 형제도 없는 살육전

두 번째 패자, 진문공 : 형제의 난 시즌 2

또 하나의 사례를 얘기하고 지금까지 흩어 놓은 이야기들을 좀 모아 보겠습니다. 제환공에 이어서 춘추시대 두 번째 패자가 되는 인물은 진(晉)나라 문공(文公)입니다. 이 사람의 이름은 중이(重耳)라고 하는데요. 이 인물은 아주 대단한 인물입니다. 43세에 망명을 떠났다가, 62세에 돌아와서 제후가 돼요. 19년 동안 기회를 노리고 천하를 떠돌다가 돌아와서 진나라의 제후가 되는 거예요. 그리고 진나라를 장악하고 나서 춘추시대를 호령하는 패자가 되는 인물이에요. 이 인물이 아까 제나라 환공보다 극적인 가족사를 보여 주는데요. 이 진문공의 아버지는 진헌공(晉獻公)이라는 인물이에요 이 헌공도 아주 맹수 같은 인물이고 센 인물입니다. 그런데 이 헌공에게는 아주 영민하고 괜찮은 아들들이 이미 셋이나 있었어요. 첫째 아들은 태자 신생(申生), 둘째 아들이 중이, 셋째 아들이 이오(夷吾)였어요.

그런데 늘그막에 이웃한 나라인 여융(驪戎)을 치고 여희(驪姬)와 그 동생을 얻습니다. 보통 이렇게 자매를 한꺼번에 데리고 사는 경우들이 많거든요. 여희와 여희의 동생 둘을 부인으로 얻는데, 헌공이 이 여희한테 완전히 빠집니다. 그리고 둘 사이에서 해제(奚齊)라고 하는 아들을 낳는데 이 아들이 너무 예쁜 거예요. 그런데 이미 신생이 태자로 있었어요. 태자는 그 엄마가 제나라 사람이었고 중이의 엄마는 견융이었습니다. 이오의 엄마는 중이의 엄마의 여동생으로 역시 견융 출신이었고요. 여기도 자매죠. 그러니까 중이와 이오는 이종사촌이면서 형제인 거죠. 그러니까 이 시대 족보는 형제와 사촌을 따지면 엄청나게 꼬입니다. 여하튼 이렇게 엄마가 다 다른 거죠. 그런데 이제 태자 신생의 운명이 보이잖아요. 헌공이 해제를 너무너무 아끼니 어쩝니까. 결국 여희가 간교한 수를 써서 신생은 자결을 하게 돼요.

『사기』에 따르면 어느날 헌공이 교외에 가서 제사를 지내는데 거기에 신생이 음식을 바치는 걸로 되어 있어요. 신생이 음식을 바치고 헌공이 오기 전에 돌아갔는데, 그 음식에 여희가 독을 탑니다. 진헌공이 와서 아들이 바친 음식이라고 먹으려고 하는데 여희가 음식이 상했을지도 모른다면서 상궁에게 먹입니다. 바로 죽고, 개에게도 먹였더니 바로 죽고 그렇게 된 거죠. 신생이 그 얘기를 듣고 벌벌 떠는데 대부들이 간언하기를, 왜 가서

신생 태자(맨 왼쪽)가 여희(왼쪽에서 두번째)의 모함을 받는 장면. 태자가 여희에게 음식을 바치고 있고, 오른쪽으로 진헌공이 등장하고 있다.

사실대로 밝히지 않냐고 합니다. 이 부분이 참 재밌어요. 왜 가서 당신 짓이 아니라고 사실대로 밝히지 않느냐고 대신들이 말하니까, 이 신생이 "우리 아버지가 이미 나이가 많이 드셨고 늙어서 이제 여희의 무릎이 아니면 잠을 주무실 수 없다", 뭐 이런 말을 합니다. 어떻게 사실을 밝혀서 아버지를 괴롭게 하겠는가, 이런 식이었어요. 그래서 자결을 해요. 신생 아웃. 묘사는 그렇게 돼 있지만 아마 빠져나갈 수 없는 상황이었을 거예요.

야비한 왕, 진혜공의 등극

진헌공이 직접 죽인 건 아니지만 태자가 이렇게 사라지는 모습을 보고 중이와 이오는 도망을 칩니다. 그래서 자기가 맡고 있는 성으로 가서 그 성을 방비하면서 아버지가 와도 절대 문 안 열어 주고 버티는 거죠. 성을 공략하려면 병력이 한 열 배 정도는 돼야 하거든요. 그렇게까지 병력을 쓰면서 할 일은 아니고 그래서 헌공이 일단 지켜보고 있었는데, 어떻게 해서든 이 둘도 제거를 해야 되는 거죠. 그래서 또 수를 써서 죽이려고 하는데, 두 형제는 다시 도망을 갑니다. 중이는 적(翟)나라로 갔는데, 이오도 처음엔 적(翟)나라로 가려고 했어요. 그런데 이미 형이 있으니까 못 가고 양(梁)나라로 갑니다. 이런 과정들을 거치면서 망명생활을 하게 되고, 그런 중에 진헌공이 죽고 해제가 자연스럽게 왕위에 오르고…, 그런 상황입니다.

그런데 이게 생각보다 간단하지 않은 게 중이가 있고 신생이 있고 이오가 있다고 할 때, 이 사람들만 있는 게 아니잖아요. 이들의 어머니 세력들과 이들을 따르는 국내의 대부들이 있잖아요. 그러니까 나라 안에서 비록 지금 큰 소리는 내지 않고 있지만 마음속으로 탐탁지 않은 세력들이 있거든요. 그래서 결국은 진헌공의 장례식 날 해제도 죽어요. 진짜로, 『사기』 읽다 보면 죽음은 참 쉽습니다. 단, 자연사는 진짜 어렵습니다.

대부 이극(里克)이라는 인물이 진헌공의 장례식 날 장례가 다 끝나지 않았는데 해제를 제거해 버려요. 해서 여희의 동생이 낳은 도자(卓子)라는 인물을 왕으로 세우는데 그러자 또 바로 죽입니다. 결국 여희의 세력은 왕위에 오르지 못하고 그렇게 아웃됩니다. 그러면서 이 쿠데타 세력이 중이가 다음 순번이니까 귀국해서 진나라의 왕을 하라고 중이에게 손짓을 합니다. 그런데 중이가 안 가는 거예요. 지금 내가 돌아가 봤자 저기는 너무 정글이라 안 되겠어, 그러면서 중이는 계속 떠돌아다닙니다. 확실히 중이는 보통 인물이 아닙니다.

그에 반해 이오가 보기에는 딱 지금이 찬스인 겁니다. 형 중이가 안 돌아간다고 하고 지금이 내가 왕이 될 찬스다, 라고 생각하고 있었는데, 지금 자신이 머물고 있는 양나라가 너무 힘이 약한 나라라는 게 아쉬웠습니다. 그래서 이오는 목공(穆公)이 정권을 잡고 한참 힘을 키우고 있던 진(秦)나라에 기댑니다. 내가 진(晉)나라 들어가는데, 병력 지원해 주고 무사하게 왕 자리에 앉게 해주면 우리 땅 서남쪽을 그쪽 진(秦)나라에 떼 주겠습니다, 이렇게 딜을 한 거죠. 그래서 진(秦)나라 병력의 호위를 받아서 진(晉)나라로 들어갑니다. 그리고 안에서 내응하는 대부 이극에게도 권세를 약속하고 이오가 군주가 됩니다. 진혜공(晉惠公)이라고 하는데, 그런데 이 인물은 대단히 야비했습니다. 왕이 되고 나서 진(秦)나라에서 지원에 대한 보답을 요구하자, 약속을 지키지 않는 겁니다.

이게 대단히 중요해요. 뱉은 말을 지킨다는 게요. 아

진(秦)나라의 명 재상 백리해(百里奚). 진(晉)나라 군주를 옹립하는 데 두 번이나 힘을 쓴 진목공은 비록 패자의 지위에 오르지 못했지만, 진나라 진흥의 터전을 마련한 현명한 군주로 이름이 높다. 무엇보다 백리해, 건숙 등 현명한 신하들을 등용하고 그들의 조언에 귀를 기울였다. 초나라에 있던 백리해를 양가죽 다섯 장과 바꾸어 등용한 고사로도 유명하다.

까 제환공도 원래 굉장히 교활한 인물이지만, 그래도 이런 일화가 있습니다. 노나라의 조말이라는 장수에게 칼로 협박당해서 노나라로부터 빼앗았던 땅을 돌려주겠다고 말한 적이 있었습니다. 그런데 나중에 위협이 사라지자 그게 너무 아까워서 돌려주지 않으려 합니다. 그러는데 관중이 그럼 안 된다고, 내뱉은 말은 지키라고 해서, 땅을 노나라에 돌려줍니다. 또 한 번은 연나라에 갔다가 연나라 왕이 제환공을 배웅해 줍니다. 그런데 그 과정에서 제나라 국경을 넘어온 일이 있었습니다. 당시 예법에는 제후가 자기 땅 바깥을 넘어갈 수 없었습니다. 그러자 제환공이 '여기 너 가져, 이제부터 네 땅이니까 괜찮지, 뭐', 이렇게 해주는 거예요. 이런 모습들로 제환공은 천하의 인심을 얻었어요. 그리고 회맹 같은 걸 할 때 패자이면서도 규칙을 따르려고 하는 모습을 보이기도 하고요.

그런데 이 진나라의 이오는 신의가 없어요. 진(秦)나라 목공은 배신하고, 내응했던 이극 또한 죽여 버리죠. 게다가 정권을 잡고 5년 만에 이 진(晉)나라에 엄청난 기근이 들거든요. 그러자 정말 뻔뻔하게도 진(秦)나라에게 손을 벌려요. '우리를 도와주면 안 될까?' 이러는 거

『사기』「자객열전」의 첫머리에 등장하는 조말(曹沫)은 비수로 제환공을 위협하여 빼앗겼던 땅을 되돌려 주겠다는 약속을 받아 낸다. 위협에서 풀려난 환공이 약속을 번복하려고 하자, 관중이 작은 이익을 탐해 제후들의 신망을 잃어서는 안 된다고 설득하여 결국 정복한 땅을 돌려준다. 위 화상석 그림은 이 사건을 묘사한 것으로 왼쪽부터 노장공, 조말, 제환공, 관중이 그려져 있다.

죠. 진목공이 미운 건 이오 저놈이지 백성들이 무슨 죄가 있어, 그러면서 곡식을 줍니다. 그런데 역사가 정말 재미있는 게 그 이듬해에 반대로 진(秦)나라에 기근이 들어요. 그래서 우리가 작년에 도와줬는데, 이번엔 우리를 좀 도와줘, 이렇게 요청을 합니다. 당연히 도와줄 거라고 생각했는데, 이오가 '그때는 맞고 지금은 틀리다', 이런 인물이에요. 얼마나 열받습니까, 진나라 입장에서는. 그리고 한술 더 떠서 지금 진(秦)나라가 아주 위기이고 힘드니까 공격해서 진나라를 먹자, 이런 생각으로 전쟁을 일으켜요. 황당한 거죠.

진회공의 등극

그런데 전쟁의 결과는 엎치락뒤치락하다가 결국은 이오가 생포돼요. 진(秦)나라에서는 당연히 죽이고 싶을 거 아닙니까? 끌고 가서 죽이려고 하는데 역사라고 하는 게 정말 각본 없는 드라마죠. 소설로 써도 작위적이라고 할 거 같은데, 진목공의 아내가 누구냐 하면 이오의 누이예요. 이오의 누이가 자기 남편에게 내 동생 죽이겠다고 진나라로 데리고 들어오기만 해봐, 난 바로 죽어 버릴 거야, 라고 합니다. 그래서 「진세가」에 보면 이 진목공이 한탄하는 대목이 나와요. 나는 천하를 위해서 일을 하고 있다고 여기는데 집에서는 왜 이렇게 환영을 못 받는가, 이런 식의 한탄을 하면서 할 수 없이 이오를 돌려보내 줍니다. 그 대신 이오의 태자인 어(圉)라고 하는 인물을 볼모로 잡아 놓고 진목공이 자기의 딸 중에 한 명과 혼인을 시켜요. 미운데 왜 혼인을 시켜? 이게 아니고 나중에 왕이 될 태자니까 미리 묶어 놓는 거죠. 사위가 되는 거잖아요.

그렇게 이 태자 어가 진나라에 묶여서 살고 있었는데, 돌아가는 꼴을 보니 이오가 건강이 안 좋다는 거예요. 곧 죽을 거 같애. 그런데 이오는 자식이 많아서 태자가 불안해지기 시작합니다. 본국에서도 계속 러브콜이 오는 거예요. 빨리 오지 않으면 위험하다고. 아무리 태자여도 이거 심상치 않아요. 하지만 일종의 가택연금 상태라서 갈 수가 없잖아요. 자기 부인에게 얘기를 하거든요. 난 가야 한다고. 이 부인이 어를 보내 줍니다. 당신을 묶어 놓으려고 결혼하고 있기는 한데 당신 일이 있으니 가라고 하고 자기는 같이 안 가요. 이 여자는 그냥 그렇게 남습니다. 이렇게 돌아가서 왕이 되는데, 이 사람이 진회공(晉懷公)입니다.

진문공의 방랑

자 여기까지가 진나라 역사의 한 단락인데, 잊혀졌던 중이, 중이는 그러거나 말거나 돌아다니고 있어요. 적나라에 가서 5년을 살면서 적나라의 여인과 결혼했는데 사이가 너무 좋은 겁니다. 그런데 적나라가 너무 작아요. 여기저기서 자객을 보내는데 적나라는 지켜 주질 못해서, 떠나게 됩니다. 그런데 적나라의 여인과 정이 많이 들었거든요. 이 여인에게 이렇게 얘기해요. 25년을 기다려도 내가 오지 않으면 재혼을 하시오. 적나라 여인이 이 말을 듣고 웃으면서 얘기했다고 해요. 내 나이가 지금 스물다섯인데 25년이면 난 늙어 죽고 말 거다. 나이 오십 넘어 재혼하라고? 오든지 말든지 너 따윈 신경 안 쓰고 살 거다. 이런 말을 하면서 보내죠. 중이가 이때부터 본격적으로 세상을 떠돕니다.

제나라에 몸을 의탁하기 위해서 가는데 그 사이에

중이와 중이를 따르는 대신들은 끼니를 해결하기 어려운 고난까지 겪으면서 19년을 떠돌다가 진나라로 돌아와 권력을 잡는다. 이후 진문공은 함께 떠돌던 대신들의 보좌를 받아 춘추시대 두번째 패자로 등극하게 된다. 그림은 남송의 이당(李唐)이 그린 「진문공복국도」(晉文公復國圖) 중 진문공이 오랜 방랑을 마치고 진나라로 입성하는 장면이다.

여러 나라를 거쳐요. 어떤 나라는 중이를 굉장히 홀대하기도 하죠. 왜냐하면 완전 망명자인 데다가 이제 끈 떨어진 인물이고, 아무것도 없는 사람이잖아요. 그런데 어떤 사람은 혹시 모르니까 또는 중이의 인물됨을 보고 중이를 대접하기도 하죠. 이런 사정을 중이가 다 봐요. 좀 드라마 같은 이야기지요. 그렇게 하면서 제나라까지 가게 됩니다.

이때가 제나라 환공 시대예요. 제나라 환공의 말년인데, 제나라 환공이 중이를 보고 자기 딸을 하나 줍니다. 어떤 기록에는 친척 여인이라고도 돼 있기도 한데, 아무튼 혼인을 시킵니다. 이때 또 중이가 이 여인에게 마음을 뺏기고 떠날 생각을 안 하는 거예요. 진나라에서는 계속 오라고 난린데 떠날 생각을 안 해요. 이 제나라 여인이 아니 당신을 위해서 저 많은 사람들이 애쓰고 있는데 어떻게 이렇게 태평이냐, 라고 하면 나는 그런 거에 관심 없고 여기가 좋아, 이러는 겁니다. 그러고 보면 중이는 어디를 가든 가족을 만들고, 주위에 사람이 끊이질 않습니다. 대단한 능력이죠.

중이가 안 떠나려 하자 어떻게 하냐 하면 술을 잔뜩 먹여서 중이를 완전히 만취시킨 다음에 수레에 태워서 떠나보내요. 중이가 깨 보니 국경을 넘고 있거든요. 그때 구범(咎犯)이라는 삼촌이 중이의 수레를 몰고 있었는데, 다짜고짜 자기 삼촌을 죽이겠다고 쫓아다니면서 "이렇게 하고도 내가 왕위에 못 오르면 삼촌 살을 씹어 먹겠다", 외칩니다. 삼촌도 대답을 하죠 "나는 냄새가 나서 맛없을 거니까 내 살은 먹지 말라고" 이러면서 막 도망가는 장면이 나와요. 참으로 훈훈하고 살 냄새 나는 가족관계입니다.

중이의 다음 여정은 조(曹)나라였습니다. 하지만 조나라에게 푸대접받고 다시 정(鄭)나라로 갔는데, 정나라에서도 푸대접받으면서 마침내 초나라에까지 갑니다. 초나라는 남방의 강대국인데, 일찌감치 왕을 칭하고 있었어요. 딴 세계거든요. 거기에는 성왕(成王)이라는 인물이 있었는데 이 인물도 꽤 괜찮은 인물이에요. 이 인물은 중이가 맘에 들었습니다. 중이의 그릇을 알아본 것이죠. 그래서 중이를 제후의 예로 후대를 해주거든요. 초성왕이 중이를 거의 동등하게 왕 대 왕의 정도의 예로 대우를 합니다. 그런데 어느 날 초성왕이 농담처럼 이렇게 얘기해요. "내가 이렇게까지 당신을 우대하는데 당신은 나한테 뭘로 보답을 할 수 있겠소?" 짓궂게 이런 장난을 칩니다. 중이가 이걸 진지하게 받아들입니다. 자신이 나중에 왕이 되어서 초나라하고 전쟁을 하게 되면, 30리씩 세 번 90리 정도 양보해 주겠다고. 초성왕과 대부들이 폭소를 하죠. 어떤 사람은 중이가 건방지고 무례하다며, 죽이겠다고 칼을 뽑기도 했습니다. 사실, 웃기는 상황인 거죠. 자기 나라에서 살지 못하고 이웃나라 전전하며 십수 년을 빌붙어서 살아가는 주제인데 누가 누구를 봐주겠다는 건지…. 그런데 나중에 중이가 진(晉)나라 군주가 되어서 초나라하고 전쟁을 할 때, 실제로 90리를 물러나 줘요. 이게 이오하고 다른 점이에요. 천하의 패자가 되는 사람과 아닌 사람의 차이인 거죠.

진문공, 조카며느리를 아내로 삼다

중이는 이제 저 진(秦)나라에까지 갑니다. 이 진나라는 이오를 도와줬다가 배신을 심하게 당한 나라잖아요. 진목공은 또 역시 큰 인물이어서 중이를 후대를 해요. 그런데 여기서 아주 기가 막힌(?), 아니 흥미로운 일이 벌어집니다. 진목공이 자기의 딸 다섯 명을 중이에게 보낸

이당(李唐)이 그린「진문공복국도」(晉文公復國圖) 중 일부. 진목공이 보내온 다섯 명의 여인과 중이의 모습이 그려져 있다. 다섯 명의 부인 중 한 명은 조카인 진회공의 전부인이다.

거죠. 일종의 테스트입니다. 그 중 한 명은 태자 어의 부인이었던 여자였습니다. 그럼 어떻게 됩니까? 족보가? 조카며느리잖아요 조카며느리를 부인으로 삼으라고 준 거예요. 진(秦)목공이 진(晉)나라를 모욕한 것으로 볼 수도 있습니다. 제안을 받을 수도 받지 않을 수도 없는 곤란한 상황인 거죠.

중이가 처음에는 거절해요. 안 된다고. 그런데 옆에서 중이를 호위하고 있었던 다섯 명의 대부들이 있었는데, 이 사람들이 나중에 진나라의 명문가 대부들이 되는 사람들이에요. 그 중 한 사람이 (이게 오늘 강의의 핵심이기도 한데) 우리의 꿈은 진나라를 뒤집어엎으려고 하는 건데, 이 정도쯤이야 어떻겠냐고 하는 겁니다. 정확히는 사공계자(司空季子)라는 신하가 이렇게 이야기합니다. "그의 나라도 정벌하고자 하는데 하물며 그의 전처이겠습니까?" 딱 이렇게 얘기해요. 이 말은 되게 중요한 말이고 오늘 주제와도 관련이 있습니다.

시간이 많이 지났네요. 이제 조금 마무리를 서둘러야겠는데요. 가족 이야기라는 게 이를테면 근친상간의 문제도 있을 수 있고 형제간의 살육의 문제가 있을 수도 있는데, 이런 일들을 통틀어서 우리가 오늘날 생각하는 일반적인 가족관계에 대한 상식을 훨씬 뛰어넘는 어떤 사건들, 이런 것들을 우리는 보통 '막장 드라마'라고 얘기해 볼 수 있겠습니다. 일단 가족에서 일어나니까 '가족 막장 드라마'라고 얘기할 수 있을 것 같아요.

『사기』에 보이는 이 가족들의 이야기가 크게 낯설게 보인다면 그게 어떤 지점일까를 일단 물어봐야 할 거 같은데요. 그런데 과연 『사기』에서 말하고 있고 보여 주고 있는 가족 간의 이런 관계가 정말 지금의 가족관계들과 그렇게 다른가 하는 지점은 별도의 주제가 될 만합니다.

무슨 말이냐 하면 저는 이 강의를 준비하면서 처음에는 사실 '다르다'라는 전제로 시작했어요. 제가 『사기』를 읽을 때에도 그랬고 불과 얼마 전까지만 해도 근대 가족주의, 근대 일부일처제 또는 핵가족, 스위트 홈 등등, 근대 가족의 신화와 이데올로기라고 하는 건 근대라고 하는 특정한 시기의 역사적인 산물이기 때문에 근대가 아닌 시기하고는 당연히 다르다, 이게 전제였어요. 물론 다르죠. 그런데 이런 식의 '차이'는 비단 가족 문제만의 것은 아닙니다. 당연히 한 시대와 또 다른 한 시대 간에는 저마다의 '역사적' 조건들에 따라 차이가 생기는 것이 당연합니다.

그러니까 가족이 지금 시대와 과거 사이에서 얼마나 다르냐, 라고 밝히는 것은 흥미로운 이야깃거리일 순 있어도 그렇게 본질적인 작업이라고 생각되진 않습니다. 거꾸로 과연 지금의 우리들은 가족 문제와 관련해서 이런 걸로 놀라워하거나 도덕적으로 혹은 다른 방식으로 비난할 정도로 그렇게 다르다고 할 수 있는가?, 라고 묻고 싶은 게 솔직한 심정입니다. 지금도 일가족 동반자살이니 직계가족에 의한 존속 살인이니 하는 사건들이 심심찮게 뉴스에 등장합니다. 뉴스에 등장하는 소식이 그 정도라면 뉴스로 드러나지 않을 뿐이지 사실 얼마나 많은 가족 막장 사건들이 일어나고 있을까라는 것을 미루어 짐작하기는 어렵지 않습니다. 그러니까 이 가족이라고 하는 관계가 단 한 번도 역사적으로, 그것이 전체 역사로든 혹은 부분적인 시대의 역사로든, 화목하다거나 평온하다거나 아니면 그 밖에 굉장히 아름답고 좋은 인연의 관계로 잘 유지되었던 시대라고 하는 게 단 한 시대라도 있었던가라고 묻게 되는 겁니다.

다시 돌아가서 진문공과 관련해서 제가 하고 싶었던 얘기는 이런 겁니다. 진문공이 자기의 조카인 어의 부인을 받아들인 이유가 무엇일까? 근친이라고 하는 관계. 이게 일종의 근친상간 구조겠죠. 근친상간이 인류학적으로 또는 역사적으로 어떤 맥락에서 어떻게 규제되어 왔는지는 지금 이 순간에 제가 다 정리할 수 있는 능력이 없어요. 관심 있으신 분들은 레비-스트로스(Claude Lévi-Strauss)라든가 기타 인류학 저술들을 찾아보시기 바랍니다.

그런데 역사적으로 중요한 사실 한 가지는 어느 시대나 근친상간은 항상 저지되어 왔다는 사실입니다. 여하튼 오늘 강의는 가족관계를 막장으로 치닫게 하는 대표 키워드로 근친상간 얘길 해보는 것이니 이것으로 얘길 해보겠습니다. 근친상간은 꾸준히 인류사회의 거의 모든 공동체에서 사회적으로 또는 도덕적으로 규제되어 왔고 막으려고 해왔단 거예요. 그 이유는 뭘까? 왜 근친상간은 규제되는 걸까? 결론부터 이야기하면 근친상간을 하게 되면 복잡해지기 때문입니다. 근친상간이라고 하는 것은 생물학적이거나 도덕적인 비난 이전에 현실적인 관계를 복잡하게 만들어 버려요. 그래서 특별하게 내가 그러한 관계가 아니고서는 짝짓기가 안 되는 조건이 아니라면 굳이 근친상간을 통해서 관계를 만들 이유가 없는 것입니다. 근친상간이 공식화되는 순간, 너무 도 많은 것들이 어그러지게 됩니다. 이게 핵심입니다.

자, 이야기를 조금 바꿔서 역사 속에 등장하는 굉장히 많은 '근친상간적' 이야기들을 생각해 봅시다. 이때의 '근친상간적'이라는 말은 형제끼리 혹은 아버지하고의 싸움 같은 문제들까지 포함해서 넓은 의미로 이해해 볼 필요가 있습니다. 즉 특별히 불륜 혹은 남녀상열지사 같은 치정의 형태로 근친상간을 볼 게 아니라는 것입니다. 오히려 치정의 근친상간을 포함해서 수많은 근친상간적 사건들을 함께 포괄하는 가족 막장극의 오래된 진실을 보자는 이야기입니다. 가족은 아주 오래전부터 특별한 결속의 혈연 집단입니다. 하지만 그 특별함과 혈연적 동질감은 어떤 현실적 문제들 앞에서 언제나 '쉽게' 재조정되는 결속이기도 했습니다.

다시 말하면 중이는 근친상간을 받아들임으로써 가족 문제를 넘어가 버립니다. 무슨 얘기냐 하면 조카 혹은 조카며느리라는 그 '관계'를 완전히 무시하겠다는 뜻입니다. 어떻게? 조카 어의 부인이었던 진(秦)나라 여인을 자신의 부인으로 맞아들임으로써! 그러므로 역설적으로 근친상간이 이뤄진다는 얘기는 이 복잡한 관계를 끌어안겠다는 얘기가 아니고, 자 이제 그거는 내 관계가 아니다라고 하는 선언인 셈입니다.

천하의 패자를 다투었던 제환공이나 진문공뿐만 아니라 오늘 소개를 다 못해 드립니다만, 굉장히 많은 사통과 치정의 역사들이 있어요. 권력싸움에는 반드시 그런 것들이 끼어 있거든요. 그런데 우리의 현재 가족과 이 당시의 가족 안에서 이들을 굴러가게 하는 욕망의 원배치가 과연 근본적으로 다른가 하는 생각을 각자 한번 가져 보시면 좋을 거 같습니다. 즉, 옛날 사람들이 우리보다 미개하기 때문에 그런가? 전혀 그런 문제가 아닙니다. 특히 가족 내 근친상간 문제의 경우 인류학적으로도 오래된 금지사항입니다. 다시 말해 근친상간이 아무렇지 않게 진행되는 사회는 거의 없다는 것입니다. 공동체 내에서 다른 짝을 찾는 문제가 특별히 곤란하지 않는 한, 굳이 근친상간이어야 할 필요가 없기 때문입니다.

그렇다면 다르게 접근해야 할 문제 아닐까요? 가족 막장극에 대한 비난 혹은 근친상간 콤플렉스(이를테면 오이디푸스)는 그 관계가 너무 지나치게 복잡하게 된다고 하거나 꼬이게 된다고 하는 것에 대한 보수적인 두려움과 경계심이 있기 때문입니다. 근친상간은 억제할 수 없는 인간의 정욕을 통제하기 위해서가 아니라 억제되지 않으면 곤란한, 인간 관계 및 사회를 교란시키게 되는 폭발력을 가지고 있기 때문에 금지됩니다. 저는 탕누어(唐諾)로부터 이 통찰을 배웠습니다. 제 식으로 조금 바꿔 말하면 그 금지란 표면적으로는 무언가를 못하게 하는 것이지만 뒤집어 말하면 다른(완전히 획기적인) 국면이 도래할 수 있는 정도의 파괴적 전환의 가능성을 내포하고 있음을 의미합니다. 우리한테 가족은 사실상 그러한 관계들을 계속 요구하는 것이기 때문에 우리가 굉장히 괴롭고 풀려날 수 없는 어떤 상황에 묶이게 되는 건 아닐까요? 그러니까 어떤 면에서 우리가 가족에 대한 이 생각들을 전면적으로 다른 방식의 관계들로 만들 수 있는 어떤 용기 위에 서게 된다면, 혹은 설 수 있다면 지금 우리들이 가족으로 인해서 받게 되는 여러 가지 부수적인 고민들과 문제점들에 대한 다른 질문 위에 우리를 세울 수 있게 되는 건 아닐까 하는 것입니다.

제가 『사기』에서 나타난 이야기를 통해서 가족 문제를 이야기해 드리고 싶었던 것은 일단 이것입니다. 더 많은 사례들로 좀 더 풍부하게 가족이라는 이름으로 펼쳐지는 다채로운 사건들을 이야기해 드리고 싶었지만 생각보다 시간이 굉장히 짧네요. 배경들 이야기를 하느라 시간이 많이 갔는데 궁금하신 분들은 꼭 『사기』를 읽어 보시기 바랍니다. 그런데 혼자 읽지 마시고 <남산강학원>에서 세미나할 때 오셔서 같이 읽으면 더 좋겠습니다. 여기까지 하겠습니다. 들어 주셔서 고맙습니다.

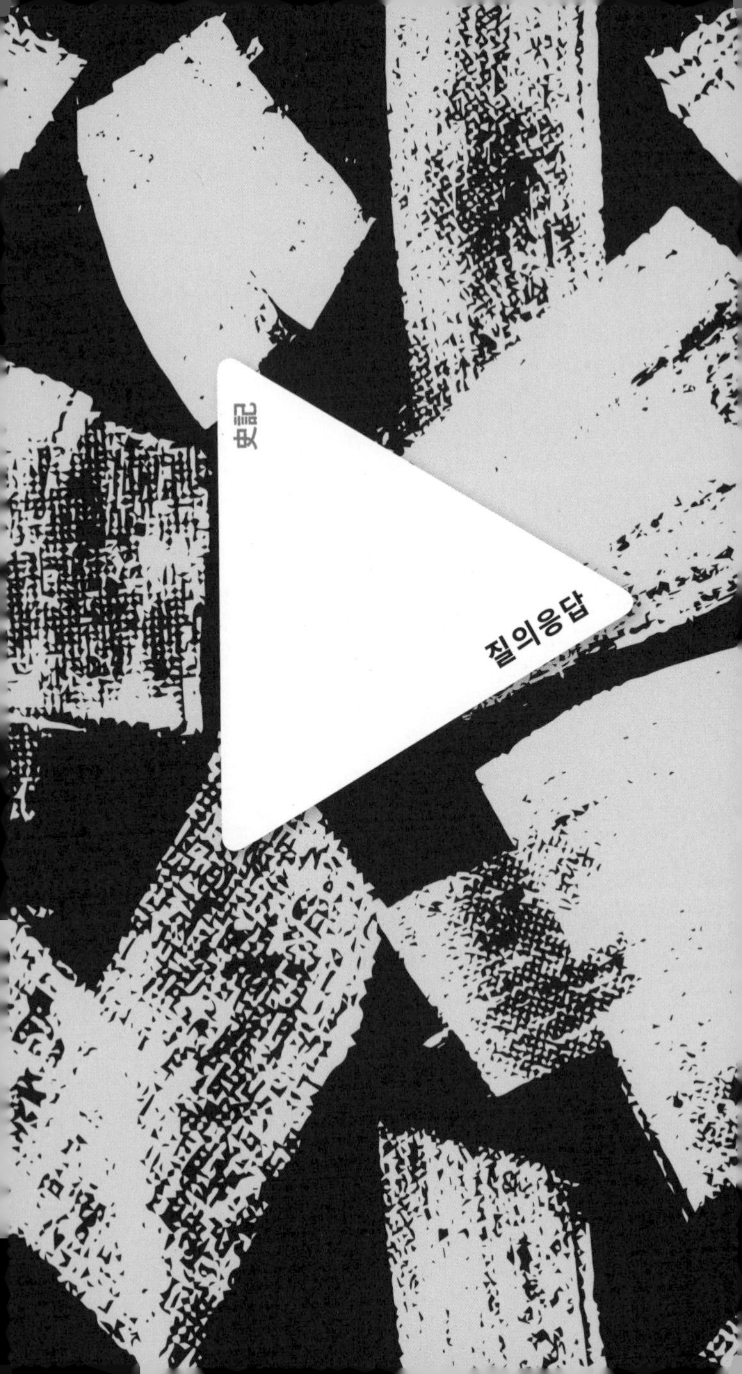
史記
질의응답

Q. 가족에 대한 생각을 전면적으로 바꿀 수 있는 용기가 필요하다고 하셨는데요. 실제로 가족들과 마주하면 서로 답답해하고 상처를 주면서도 뭐부터 바꿔야 할지 막막합니다. 어떤 것부터 바꿔 나가면 좋을지 조금 더 이야기를 듣고 싶습니다.

A. 질문 고맙습니다. 먼저 단도직입적으로 말씀드리자면, 제가 오늘 말씀드리고 싶었던 주제와 관련해서, 가족이란 우리가 생각하는 것만큼 그렇게 '어찌어찌하게 되어야 할' 관계 같은 게 아닐 수 있다는 것입니다. 다시 말해 실제로 가족들과 무언가 해보려고 할 때 이미 머릿속에 스위트 홈, 아름다운 가족, 이런 걸 그리고 있다면 그 전제부터 고민해 볼 필요가 있습니다. '전면적으로 바꿀 용기'라고 말씀드렸던 건, 가족이기 때문에 견뎌야 하는 관계 너머를 말한 것입니다.

강의 중에도 말씀드렸지만, 그렇다고 해서 가족이 소중하지 않다는 얘기가 아니에요. 가족은 아주 가깝고 결속력이 강한 동질적인 혈연집단입니다. 맞습니다. 맞아요. 그런데 오늘 강의에서 살펴본 것처럼 역사 속에 있었던 가족 관계들은 어찌 그렇게 지지고 볶고 싸우고 죽이지 못해 안달난 관계처럼 보일까요? 외계인에게 역사 속에 등장하는 가족 간

사건들을 보여 주고 이런 관계의 사람들을 정의해 보라 하면 어떻게 말할지 궁금하네요. 어쩌면 이때 가족의 정의는 우리가 생각하는 것과 정반대가 될지도 모릅니다. 역사적으로도 이상적인 가족의 모습을 보여 주는 사례가 드물다는 뜻입니다. 아, 물론 좋은 가족 얘기도 있기는 합니다만…. 그래서 꼭 같이 무엇을 하는 가족도 좋지만, 그렇지 않은 관계도 얼마든지 가족 안에서 일어날 수 있습니다. 가족이니까 그럴 수밖에 없다는 뜻입니다.

현대 가족주의의 이데올로기적 성격에 관해서는 이번 '북튜브 가족특강 시리즈'로 함께 출간되는 신근영 선생님의 『안티 오이디푸스와 가족, 나는 아이가 아니다』를 통해 확인하실 수 있으실 겁니다. 역시 함께 시리즈로 묶인 이희경 선생님의 책 『루쉰과 가족, 가족을 둘러싼 분투』에서도 아마 근대적 가족주의의 한계 너머에 대해 들으실 수 있고요. 그 연장선상에서 우리가 왜 실제로 가족과 함께 뭘 하려고 하면 답답해지느냐 하면, 지금 우리가 생각하는 가족이라는 게 원래부터 고정된 상이 있었던 게 아니라 특정한 역사적 산물로 고안 혹은 창안된 발명품이기 때문에 그런 겁니다.

오해하지 마세요. 저는 그래서 잘못됐다거나 나쁘다는 게 아니에요. 다만 그렇다는 걸 똑바로 알고는 있어야 한다는 뜻입니다. 그리고 다시 한번 말씀드리지만, 가족에 대한 지금까지의 생각을 전면적으로 바꾸려 한다는 건, 경우에 따라 지금의 내 가족 관계를 끊고 넘어갈 수도 있다는 생각 앞에 서는 것입니다. 너무 과격한가요? 실제 각자의 사례들에서는 '케이스 바이 케이스'니까 얼마든지 비장하지 않게 대처하며 빠져나가는 것도 불가능하지는 않다고 생각합니다.

그리고! 이건 여담입니다만, 세가(世家)라는 말 자체를 곰곰이 음미해 보면, 이 가족(혹은 가문)이라는 것에 대해 마치 큰 나무가 가지를 뻗어 나가는 것 같은 이미지가 떠올라요. 〈남산강학원〉에서 자주 이야기하는 뿌리넝쿨(리좀) 같은 이미지일 수도 있겠네요. 여하간 가족이란 그렇게 뻗어나가서 스스로 세대가 되는 것이에요. 가족은 가족으로부터 독립하는 것으로 가족입니다. 꼭 가족 밖으로 탈출하는 것만 연상하실 필요는 없어요. 가능하다면 가족 안에서 가족을 넘어가는 것이 가장 좋다고 생각합니다.

질문에 대답을 드려야 하는데, 더 많은 질문을 드린 것 같네요. 이상으로 모든 강의를 마치겠습니다.